Les desserts d'hiver de Sophie

Du même auteur,
aux éditions Minerva :
Les Cakes de Sophie
Les Crêpes de Sophie
Les Buffets de Sophie
Confitures et compotes de Sophie
Les Barbecues de Sophie
Les Madeleines de Sophie
Tartes et salades de Sophie
Le Carnet de Sophie
Les Cakes d'été de Sophie
L'Agenda de Sophie
Les Terrines de Sophie
Les Desserts de Sophie - Collection printemps-été

Conception graphique : Anne Schlaffmann

Connectez-vous sur :
www.lamartiniere.fr

ISBN : 2-8307-0826-1

Sophie Dudemaine

Les desserts d'hiver de Sophie

A m s T r a m G r a m m e S

Photographies : Françoise Nicol - Stylisme : Catherine Madani

Minerva

Sommaire

Les conseils de Sophie

Recettes de base

En une bouchée !

Tout chocolat !

Que de fruits !

Glacés !

Les desserts de ma Maman !

Desserts tout classiques !

Classique Allégé

Les conseils de Sophie

« L'idée de ce livre, ce sont mes élèves en cours de cuisine qui me l'ont suggérée, et peut-être aussi l'éternel conflit entre la ligne et la gourmandise.
Alors voilà, maintenant vous avez le choix : classique ou allégé.
Que l'on mette en garde contre le diabète ou le cholestérol, vous aurez toujours un argument de poids... Am stram grammes !
Bon appétit.
Ah ! Une dernière chose : ceci n'est pas un livre de régime ! Rien que du plaisir !

Mes ustensiles

On me demande souvent quels ustensiles j'utilise pour la réalisation de mes recettes. Vous constaterez qu'il n'est pas nécessaire d'en avoir toute une panoplie, mais uniquement les bons. C'est pour cela que je teste non seulement les produits alimentaires mais aussi les ustensiles gadgets ou indispensables, ceux qui vont vous faire gagner du temps dans votre cuisine. Pratique, gain de temps : mon but, vous faire aimer la cuisine !!! Voici quelques sites ou téléphones pour des catalogues où vous trouverez tous ces ustensiles. Un conseil, comparez les prix pour le même article !

- www.epicuria.fr	Tél. : 0 820 201 222
- www.francisbatt.com	Tél. : 01 47 27 13 28
- www.lacantiniere.com	Tél. : 0 810 000 103
- www.mathon.fr	Tél. : 0 892 391 100

Tous les gâteaux, sauf indication contraire, sont cuits sur une grille au milieu du four à chaleur tournante. Attention, nous ne possédons pas les mêmes fours. Les temps de cuisson peuvent donc varier ! La première fois, surveillez toujours la cuisson de votre gâteau !

Les moules

Depuis quelques années, on trouve des moules très pratiques en silicone. Ils peuvent aller au congélateur, au four traditionnel, au four micro-ondes, ils sont faciles d'entretien et n'ont pas besoin d'être graissés. Attention, lors de vos achats de moules en silicone : les moules bon marché ne sont souvent pas de la même qualité que certains moules plus chers. Mes préférés sont : Proflex bordeaux de Tefal®, Flexipan noir de Demarle® et Élastomoule gris de DeBuyer®.
N'hésitez pas à réaliser vos desserts dans des moules de tailles et de formes variées. Pensez aussi aux verres, aux coupes ou ramequins qui vous permettront de présenter certains desserts individuellement, ce qui vous évitera d'avoir à couper une préparation délicate. Pour certaines photos, j'ai pris la liberté de vous montrer d'autres formes de moules (rectangulaire, cœurs...).

La balance

Rien n'est plus désagréable de convertir les centilitres en décilitres ou de chercher un doseur dont les graduations correspondent aux indications des recettes. J'ai résolu le problème en employant une balance électronique Ovelys de Tefal®. Grâce à sa mesure des liquides en centilitres et décilitres, je ne me pose plus de questions. À offrir ou à s'offrir absolument !!!

Le robot ménager KitchenAid®

Il est évident que vous pouvez tout réaliser dans un saladier avec un fouet et vos mains. Mais avec ce robot, quel bonheur et quel gain de temps ! Il sait tout faire et vous rendra service pendant de longues années. Indispensable !

Le mixeur blender KitchenAid®

Parfait pour réussir les pâtes lisses, les coulis, les jus de fruits, les milk-shakes...

La grille ronde à pâtisserie ou volette

Pour démouler vos gâteaux et les laisser refroidir dessus.

La maxi-pelle à gâteaux

Très large, elle est indispensable pour transporter vos gâteaux facilement.

Le tapis de cuisson en silicone multi-usage

Pour cuire ou réchauffer les petits gâteaux directement sur la plaque. Plus besoin de papier sulfurisé. Les aliments n'attachent plus !

Le siphon à chantilly

Pour éviter de monter la crème au batteur, pour la conserver plus longtemps, il vous suffit de verser la crème liquide dans le siphon et c'est prêt ! Magique ! N'oubliez pas de commander les cartouches qui vont avec.

La poche à douille avec les douilles

Idéale pour décorer vos gâteaux. Elle est également pratique pour garnir vos petits fours et vos éclairs... Ou remplir vos verres comme le fraisier. Achetez-la en nylon.

Un thermomètre stylodigital

Idéal pour la cuisson du sucre : petit boulé (115 °C), gros boulé (121 °C)... et la température du chocolat (45 °C), car lorsque vous faites fondre le chocolat et que vous lui incorporez par la suite un ingrédient comme des jaunes d'œufs, le chocolat doit absolument être tiède.

La gamme MicroPlus de Tupperware®

Pour réchauffer et cuire au micro-ondes, je n'ai pas trouvé mieux. Incassables et inusables, vous ne pourrez plus vous en passer. De préférence, achetez le bol avec son couvercle.

J'utilise aussi un éplucheur économe, un zesteur, un fouet, un pinceau à pâtisserie, une maryse en silicone, un rouleau à pâtisserie, une cuillère en bois, une boîte de découpoirs ronds cannelés, une saupoudreuse à sucre glace, une planche à découper en plastique, une spatule, une louche, un chinois ou passoire fine, un minuteur, un presse-citron OXO – Good Grips®, un séparateur à œuf, un couteau d'office, des emporte-pièce, un chalumeau à crème brûlée sans oublier un saladier ou un cul-de-poule, une série de casseroles et poêles.

À titre indicatif j'utilise le four à micro-ondes Arthur Martin® EM2412 pour faire fondre le beurre, le chocolat ou chauffer le lait, et le four multifonction Arthur Martin® FE6680X pour cuire tous mes desserts même sur 2 niveaux. Pour les glaces et sorbets, j'ai choisi la turbine à glace Magimix®.

Les produits

Voici quelques informations sur les produits que j'ai testés et aimés.

Les édulcorants

Deux édulcorants ont retenu mon attention : l'édulcorant en poudre Hermesetas® et l'édulcorant de cuisson en poudre de Canderel®. Vous les trouverez en hypermarchés.
Je n'ai pas employé d'édulcorant liquide car celui en poudre se dose plus facilement et me permet d'avoir une texture plus proche du sucre.
Dans certaines recettes, j'ai remplacé le sucre par de l'édulcorant mais vous pouvez aussi diminuer de moitié le sucre et ajouter la moitié de la dose d'édulcorant indiquée dans la recette. Ce qui permettra notamment aux gâteaux biscuits tels que les financiers ou les shortbread d'avoir une texture beaucoup plus proche des classiques.
Je réserve le Sucaryl® en granulés, acheté en pharmacie, pour sucrer le fromage blanc ou les yaourts car à mon avis, son pouvoir sucrant puissant ne convient pas bien à la pâtisserie.

Le beurre

Deux beurres allégés ont retenu mon attention : Bridélice® et Elle et Vire®.
Vous avez le choix entre 41 % et 40 % de matière grasse au lieu de 80 % pour le beurre classique. Les deux sont doux ou demi-sel. Attention, prenez un beurre de cuisine qui supporte la cuisson !
Lorsque j'indique dans mes recettes d'utiliser du beurre demi-sel, c'est juste une question de goût, il est évident que vous pouvez très bien utiliser du beurre doux.
Vous pouvez également remplacer le beurre par de la margarine allégée. Mais bon !!!

Les laitages

Pour le lait, vous pouvez utiliser du lait écrémé, mais je vous conseille tout de même le demi-écrémé car la différence entre les deux n'est pas flagrante.

Il en va de même pour les petits-suisses, les yaourts et le fromage blanc. Tous existent à 0 % mais vous pouvez utiliser du 20 %. Question de choix !!!

La crème fraîche

Vous pouvez utiliser 4 sortes de crèmes liquides allégées : 4, 8, 15 ou 20 % de matière grasse au lieu de 30 %.
Pour la crème fraîche épaisse allégée, vous avez le choix entre 4, 8, 15 ou 25 % de matière grasse au lieu de 30 et 40 %.
Pour la crème fouettée allégée, prenez une bombe chantilly à 12 ou 20 % de matière grasse au lieu de 40 %.
Mes recettes ont été réalisées avec les crèmes Bridélice®.
Pour la version classique, rien ne vaut une crème épaisse achetée dans un contenant en verre.
Il existe également une crème fouettée à la vanille délicieuse !
Attention, vous ne réussirez pas à monter votre crème Chantilly avec une crème liquide à moins de 30 % de matière grasse.

La farine

J'utilise pour tous mes gâteaux contenant de la levure la farine Francine® à gâteaux avec poudre levante incorporée.
Ainsi, plus de problèmes de dosage de levure ni d'oubli.
Sinon utilisez la farine à gâteaux de votre choix. Pour ma part, j'emploie la farine Francine® fluide.
La fécule de maïs est quasiment aussi calorique que la farine de blé. C'est pour cela que je n'ai pas diminué la farine des gâteaux allégés. Mais vous pouvez toujours remplacer la moitié de la farine par cette dernière pour obtenir un gâteau encore plus léger en bouche.

Les œufs

J'utilise des œufs de calibre moyen 55/60.

Le chocolat

Dans mes recettes, je n'ai pas employé de chocolat light. En effet, la diminution du sucre a été largement compensée par un supplément de matières grasses et le chocolat est un produit de dégustation et de plaisir par excellence, la différence ne m'a pas paru donc suffisante pour le changer.
J'ai testé pour vous la nouvelle tablette Lindt® dessert qualité maître chocolatier de 200 g à 51 % de cacao : son arôme est puissant mais sans amertume. Ce fut un grand succès. Elle se casse facilement et fond très bien avec ou sans eau. L'essayer, c'est l'adopter !

Les aides à la pâtisserie

Dans le rayon « aide à la pâtisserie » de votre hypermarché, vous trouverez tous les ingrédients nécessaires pour vos desserts.
La vanille existe en arôme, en gousse ou en sachets.
J'utilise souvent la vanille en poudre.
N'hésitez pas à utiliser également les arômes naturels de citron et d'orange, d'amande amère ou de fleur d'oranger pour parfumer vos desserts.
Vous y trouverez aussi les amandes, la noix de coco, les cerneaux de noix, les pépites de chocolat, les fruits confits, la gélatine...
Une vraie mine d'or !

Vous voilà fin prêt à réaliser tous vos desserts !!!
Classique ou allégé, à vous de choisir !!!

180 g de farine
90 g de beurre doux
ou demi-sel
3 petits-suisses à 40 %

Dans un saladier, mélangez la farine, le beurre en morceaux et les petits-suisses.
Formez une boule, enveloppez-la dans du film alimentaire et mettez-la au réfrigérateur pendant 2 heures minimum.
Sortez la pâte du réfrigérateur au moins 15 minutes avant de l'étaler, puis farinez votre plan de travail et étalez la pâte au rouleau.
La pâte brisée croustillante convient à toutes les recettes de tartes sucrées et salées.

pâte brisée croustillante

Pour un moule à tarte de 28 cm

180 g de farine
90 g de beurre doux
ou demi-sel allégé à 41 %
3 petits-suisses à 20 %.

Dans un saladier, mélangez la farine, le beurre en morceaux et les petits-suisses.
Formez une boule, enveloppez-la dans du film alimentaire et mettez-la au réfrigérateur pendant 2 heures minimum.
Sortez la pâte du réfrigérateur au moins 15 minutes avant de l'étaler, puis farinez votre plan de travail et étalez la pâte au rouleau.

Le conseil de Sophie :

Pensez à utiliser des gants jetables pour réaliser vos pâtes à tarte.

250 g de farine
125 g de beurre doux
ou demi-sel allégé à 41 %
2 cuillerées à soupe
d'édulcorant en poudre
1 œuf entier

Dans un saladier, mélangez la farine, le beurre en morceaux, le sucre et l'œuf.
Formez une boule, enveloppez-la dans du film alimentaire et mettez-la au réfrigérateur au moins 2 heures.
Sortez la pâte du réfrigérateur 15 minutes avant de l'étaler, puis farinez votre plan de travail et étalez la pâte au rouleau.

Le conseil de Sophie :

Sortez le beurre du réfrigérateur suffisamment tôt pour qu'il soit à température ambiante.

pâte sablée

Pour un moule à tarte de 28 cm

250 g de farine
125 g de beurre doux
ou demi-sel
125 g de sucre glace
1 œuf entier

Dans un saladier, mélangez la farine, le beurre en morceaux, le sucre et l'œuf.
Formez une boule, enveloppez-la dans du film alimentaire et mettez-la au réfrigérateur au moins 2 heures.
Sortez la pâte du réfrigérateur 15 minutes avant de l'étaler, puis farinez votre plan de travail et étalez la pâte au rouleau.

Le conseil de Sophie :

Préparez plus de pâte et congelez-la.

100 g de beurre
20 g de sucre semoule
10 cl de lait entier
ou demi-écrémé
15 cl d'eau
150 g de farine fluide
4 œufs entiers
1 pincée de sel

pâte à choux

1 plaque de cuisson en silicone ou du papier sulfurisé

Préchauffez le four à 180 °C (thermostat 6).
Dans une casserole, faites chauffer à feu doux l'eau et le lait avec le beurre, le sucre et le sel. À ébullition, retirez du feu et jetez d'un seul coup toute la farine dans la casserole. Mélangez.
Remettez le tout sur le feu et desséchez la pâte en la travaillant vigoureusement à l'aide d'une cuillère en bois. Lorsque la pâte ne colle plus à la cuillère ni à la casserole, versez-la dans un saladier.
Incorporez les œufs un à un (tournez la pâte environ 2 minutes avant de mettre un autre œuf). Remplissez la poche à douille de pâte.
Sur la plaque en silicone :
Pour les choux, formez des tas de la taille d'une noix.
Pour les éclairs, façonnez des petits boudins d'environ 12 cm de long.
Pour les religieuses, formez des petits choux de la taille d'une noix pour les têtes, et des gros choux d'environ 5 cm de diamètre pour le corps.
Espacez-les suffisamment pour qu'ils ne se touchent pas à la cuisson.
Mettez votre plaque dans le bas du four pendant 20 à 30 minutes (n'ouvrez pas la porte au début de la cuisson).

Le conseil de Sophie :

Avant la cuisson ajoutez une goutte d'eau entre les choux afin de les rendre plus moelleux.

100 g de beurre allégé à 41 %
2 cuillerées à soupe d'édulcorant en poudre
10 cl de lait écrémé
15 cl d'eau
150 g de farine fluide
4 œufs entiers
1 pincée de sel

Préchauffez le four à 180 °C (thermostat 6).
Dans une casserole, faites chauffer à feu doux l'eau et le lait avec le beurre, l'édulcorant et le sel. À ébullition, retirez du feu et jetez d'un seul coup toute la farine dans la casserole. Mélangez.
Remettez le tout sur le feu et desséchez la pâte en la travaillant vigoureusement à l'aide d'une cuillère en bois. Lorsque la pâte ne colle plus à la cuillère ni à la casserole, versez-la dans un saladier.
Incorporez les œufs un à un (tournez la pâte environ 2 minutes avant de mettre un autre œuf). Remplissez la poche à douille de pâte.
Sur la plaque en silicone :
Pour les choux, déposez des tas de la taille d'une noix.
Pour les éclairs, façonnez des petits boudins d'environ 12 cm de long.
Pour les religieuses, formez des petits choux de la taille d'une noix pour les têtes, et des gros choux d'environ 5 cm de diamètre pour le corps.
Espacez-les suffisamment pour qu'ils ne se touchent pas à la cuisson.
Mettez votre plaque dans le bas du four pendant 20 à 30 minutes (n'ouvrez pas la porte au début de la cuisson).

Le conseil de Sophie :

Il est plus facile de préparer une pâte à choux dans un robot.

glaçage royal

Pour 200 g de glaçage royal

200 g de sucre glace
1 blanc d'œuf
1/2 cuillerée à café
de jus de citron

Dans un saladier, tamisez le sucre à travers une passoire fine.
Ajoutez le blanc d'œuf légèrement battu et mélangez énergiquement à l'aide d'un fouet.
Ajoutez le jus de citron. Mélangez.
Nappez le gâteau de votre choix et laissez refroidir.

Le conseil de Sophie :

Vous pouvez vous amuser à réaliser des glaçages colorés avec des colorants alimentaires que vous trouverez dans le rayon « aide à la pâtisserie » des hypermarchés.
Vous pouvez également utiliser des colorants naturels comme le jus de carotte, le jus de betterave ou du sirop aux fruits. Dans tous les cas, versez petit à petit le colorant dans la préparation jusqu'à l'obtention de la couleur désirée.
Ce glaçage se conserve une semaine au réfrigérateur, couvrez-le avec un linge humide afin d'éviter qu'une croûte se forme.
Il n'existe pas de version allégée du glaçage royal car l'édulcorant ne permet pas au glaçage de se solidifier.

crème anglaise

Pour 10 personnes

50 cl de lait entier
6 jaunes d'œufs
125 g de sucre semoule
1 cuillerée à café
de vanille en poudre

Dans une casserole, faites chauffer le lait avec la vanille.
Battez les jaunes d'œufs avec le sucre à l'aide d'un fouet jusqu'à ce que le mélange blanchisse.
Incorporez peu à peu le lait chaud et la vanille en fouettant constamment.
Versez de nouveau ce mélange dans la casserole et chauffez à feu doux (ne faites surtout pas bouillir) sans cesser de remuer avec une cuillère en bois, jusqu'à ce que la mousse de la crème disparaisse. Retirez la crème du feu et versez-la dans un saladier.
Remuez de temps en temps jusqu'à refroidissement.

Le conseil de Sophie :

Si votre crème anglaise tourne, mixez-la 2 minutes avec un glaçon.

50 cl de lait écrémé
6 jaunes d'œufs
4 cuillerées à soupe d'édulcorant en poudre
1 gousse de vanille

Dans une casserole, faites chauffer le lait avec la gousse de vanille coupée en deux dans la longueur.
Battez les jaunes d'œufs avec l'édulcorant à l'aide d'un fouet jusqu'à ce que le mélange blanchisse, et incorporez peu à peu le lait chaud et la vanille en fouettant constamment.
Versez de nouveau ce mélange dans la casserole et chauffez à feu doux (ne faites surtout pas bouillir) sans cesser de remuer avec une cuillère en bois, jusqu'à ce que la mousse de la crème disparaisse. Retirez la crème du feu et versez-la dans un saladier.
Remuez de temps en temps jusqu'à refroidissement.

Le conseil de Sophie :

Si vous ne parvenez vraiment pas à réaliser votre crème anglaise, vous pouvez ajouter 1 cuillerée à café de Maïzena® avec le jaune et le sucre.
Ainsi elle ne tournera pas.

crème mousseline

Pour 700 g de crème mousseline

50 cl de lait entier
1 œuf entier
+ 4 jaunes d'œufs
20 g de sucre
1 cuillerée à soupe de farine
3 cuillerées à soupe de Maïzena®
120 g de beurre
1 cuillerée à café de poudre de vanille

Dans une casserole, faites bouillir le lait avec la vanille.
Pendant ce temps, dans un saladier, fouettez le sucre avec les œufs jusqu'à ce que le mélange blanchisse, puis incorporez la farine et la Maïzena®.
Versez le lait bouillant dans le saladier en battant pour obtenir un mélange homogène.
Reversez le tout dans la casserole. Portez à ébullition à feu moyen en remuant régulièrement jusqu'à épaississement.
Baissez le feu et laissez cuire encore 1 minute en remuant.
Retirez du feu, incorporez 60 g de beurre coupé en morceaux et mélangez.
Après refroidissement, ajoutez le reste du beurre mou et mélangez à nouveau.

50 cl de lait écrémé
1 œuf entier
+ 4 jaunes d'œufs
3 cuillerées à soupe d'édulcorant en poudre
1 cuillerée à soupe de farine
3 cuillerées à soupe de Maïzena®
120 g de beurre allégé à 41 %
1 cuillerée à café de vanille liquide

Dans une casserole, faites bouillir le lait avec la vanille.
Pendant ce temps, dans un saladier, fouettez l'édulcorant avec les œufs jusqu'à ce que le mélange blanchisse, puis incorporez la farine et la Maïzena®.
Versez le lait bouillant dans le saladier en battant pour obtenir un mélange homogène.
Reversez le tout dans la casserole. Portez à ébullition à feu moyen en remuant régulièrement jusqu'à épaississement.
Baissez le feu et laissez cuire encore 1 minute en remuant.
Retirez du feu, incorporez 60 g de beurre coupé en morceaux et mélangez.
Après refroidissement, ajoutez le reste du beurre mou et mélangez à nouveau.

50 cl de lait entier ou demi-écrémé
5 jaunes d'œufs
40 g de sucre semoule
2 cuillerées à soupe de farine
1 cuillerée à soupe de Maïzena®
20 g de beurre
1 bombe de crème Chantilly
ou 20 cl de crème Chantilly maison
(voir recette p. 14)
1 cuillerée à café de vanille en poudre
ou de l'extrait de vanille

crème légère

Pour 700g de crème légère

Dans une casserole, faites bouillir le lait avec la vanille.
Pendant ce temps, dans un saladier, fouettez le sucre avec les jaunes jusqu'à ce que le mélange blanchisse, puis incorporez la farine et la Maïzena®.
Versez le lait bouillant dans le saladier en battant pour obtenir un mélange homogène.
Reversez le tout dans la casserole. Portez à ébullition à feu moyen en remuant régulièrement jusqu'à épaississement. Baissez le feu et laissez cuire encore 1 minute en remuant.
Retirez du feu, incorporez le beurre et mélangez.
Laissez refroidir.
Incorporez délicatement, à l'aide d'une spatule, la chantilly à la crème pâtissière refroidie.

Le conseil de Sophie :

Vous pouvez aromatiser la crème légère en incorporant une cuillerée à soupe de rhum ou de Grand Marnier® avant de verser le lait bouillant sur le mélange.

50 cl de lait écrémé
5 jaunes d'œufs
3 cuillerées à soupe d'édulcorant en poudre
2 cuillerées à soupe de farine
1 cuillerée à soupe de Maïzena®
20 g de beurre allégé à 41 %
1 bombe de crème Chantilly légère
ou 20 cl de crème Chantilly maison
allégée (voir recette p. 15)
1 gousse de vanille

Dans une casserole, faites bouillir le lait avec la vanille.
Pendant ce temps, dans un saladier, fouettez l'édulcorant avec les jaunes jusqu'à ce que le mélange blanchisse, puis incorporez la farine et la Maïzena®.
Versez le lait bouillant dans le saladier en battant pour obtenir un mélange homogène.
Reversez le tout dans la casserole. Portez à ébullition à feu moyen en remuant régulièrement jusqu'à épaississement. Baissez le feu et laissez cuire encore 1 minute en remuant.
Retirez du feu, incorporez le beurre et mélangez.
Laissez refroidir.
Incorporez délicatement, à l'aide d'une spatule, la chantilly à la crème pâtissière refroidie.

Le conseil de Sophie :

Attention, la crème pâtissière et la chantilly doivent être bien froides lors du mélange.

30 cl de crème liquide entière
50 g de sucre glace

Versez la crème très froide et le sucre dans le saladier très froid et montez-la rapidement au fouet ou au batteur. Veillez à ne pas trop monter la crème car elle tournerait en beurre.

Le conseil de Sophie :

Il existe dans le commerce des siphons à chantilly. N'hésitez pas à les employer.

50 cl de lait entier ou demi-écrémé
5 jaunes d'œufs
60 g de sucre semoule
2 cuillerées à soupe de farine
1 cuillerée à soupe de Maïzena®
20 g de beurre
1 cuillerée à café de vanille en poudre
ou de l'extrait de vanille

Dans une casserole, faites bouillir le lait avec la vanille.
Pendant ce temps, dans un saladier, fouettez le sucre avec les jaunes jusqu'à ce que le mélange blanchisse, puis incorporez la farine et la Maïzena®.
Versez le lait bouillant dans le saladier en battant pour obtenir un mélange homogène.
Reversez le tout dans la casserole. Portez à ébullition à feu moyen en remuant régulièrement jusqu'à épaississement. Baissez le feu et laissez cuire encore 1 minute en remuant.
Retirez du feu, incorporez le beurre coupé en morceaux et mélangez. Laissez refroidir avant l'utilisation.

Le conseil de Sophie :

Pour éviter qu'une croûte se forme à la surface de la crème, saupoudrez-la de sucre glace.

crème Chantilly

Pour 30 cl de chantilly

30 cl de crème liquide
allégée à 15 %
2 cuillerées à soupe
d'édulcorant en poudre

Versez la crème très froide et l'édulcorant dans le saladier très froid et montez-la rapidement au fouet ou au batteur. Veillez à ne pas trop monter la crème car elle tournerait en beurre.

crème pâtissière

Pour 600 g de crème pâtissière

50 cl de lait écrémé
5 jaunes d'œufs
3 cuillerées à soupe
d'édulcorant en poudre
2 cuillerées à soupe de farine
1 cuillerée à soupe
de Maïzena®
20 g de beurre allégé à 41 %
1 gousse de vanille

Dans une casserole, faites bouillir le lait avec la gousse de vanille fendue en deux dans la longueur.
Pendant ce temps, dans un saladier, fouettez l'édulcorant avec les jaunes jusqu'à ce que le mélange blanchisse, puis incorporez la farine et la Maïzena®.
Versez le lait bouillant dans le saladier en battant pour obtenir un mélange homogène.
Reversez le tout dans la casserole. Portez à ébullition à feu moyen en remuant régulièrement jusqu'à épaississement.
Baissez le feu et laissez cuire encore 1 minute en remuant.
Retirez du feu, incorporez le beurre coupé en morceaux et mélangez. Laissez refroidir avant l'utilisation.

Le conseil de Sophie :

N'hésitez pas à réaliser la crème pâtissière en grande quantité car elle se congèle très bien.

En une bouchée !

Classique   Allégé

MON MOULIN
Farine de blé
type 45

madeleines de Commercy

Pour 16 madeleines

2 œufs
130 g de sucre semoule
130 g de beurre mou
130 g de farine avec poudre levante incorporée ou 130 g de farine et 1/2 sachet de levure chimique

Préchauffez le four à 220 °C (thermostat 7/8).
Dans un saladier, mélangez les œufs, le sucre, le beurre et la farine à l'aide d'un fouet.
Beurrez et farinez les moules si vous n'utilisez pas de moules en silicone.
À l'aide d'une cuillère à soupe ou d'une poche à douille, remplissez chaque alvéole à moitié.
Mettez au four pendant 4 minutes à 220 °C (thermostat 7/8) et 4 minutes à 180 °C (thermostat 6).

Le conseil de Sophie :
Préparez les madeleines à l'avance et congelez-les crues avec le moule.

3 œufs
50 g de sucre semoule
2 cuillerées à soupe d'édulcorant en poudre
130 g de beurre allégé à 41 %
130 g de farine avec poudre levante incorporée ou 130 g de farine et 1/2 sachet de levure chimique

Préchauffez le four à 220 °C (thermostat 7/8).
Dans un saladier, mélangez les œufs, le sucre, l'édulcorant, le beurre et la farine à l'aide d'un fouet.
Beurrez et farinez les moules si vous n'utilisez pas de moules en silicone.
À l'aide d'une cuillère à soupe ou d'une poche à douille, remplissez chaque alvéole à moitié. Mettez au four pendant 4 minutes à 220 °C (thermostat 7/8) et 4 minutes à 180 °C (thermostat 6).

Le conseil de Sophie :
Vous pouvez ajouter à la pâte 1/2 cuillerée à café d'arôme naturel de citron ou d'orange.

cannelés

Moules à cannelés en silicone
Pour 16 cannelés

50 cl de lait entier ou demi-écrémé
25 g de beurre demi-sel
120 g de farine
200 g de sucre glace
2 œufs entiers + 2 jaunes
5 cuillerées à soupe de rhum brun
1 cuillerée à café de vanille en poudre ou 1 gousse de vanille

Dans une casserole, portez à ébullition le lait avec la vanille et le beurre.
Dans un saladier, mélangez la farine avec le sucre glace. Incorporez les œufs et les jaunes. Versez le lait chaud petit à petit et mélangez doucement jusqu'à l'obtention d'une pâte lisse. Laissez refroidir et ajoutez le rhum.
Réservez au réfrigérateur pendant 24 heures.
Préchauffez le four à 220 °C (thermostat 7/8).
Versez la pâte dans les moules légèrement beurrés jusqu'à 1 cm du bord.
Mettez-les au four pendant 10 minutes puis 30 minutes à 180 °C (thermostat 6).
Pour que les cannelés ne retombent pas, retournez-les sur une grille après le démoulage.

Le conseil de Sophie :

Vous pouvez remplacer le rhum par de la fleur d'oranger.
J'utilise des moules en silicone car les chances de réussite sont plus élevées et le nettoyage plus simple. Néanmoins, si vous désirez réaliser des cannelés dans des moules en cuivre, beurrez-les généreusement à l'aide d'un pinceau, puis mélangez 2 cuillerées à soupe de farine et 1 cuillerée à soupe de sucre glace et tapissez vos moules de ce mélange.
Vous pouvez congeler la pâte à cannelés.
Si vous n'avez pas de moules à cannelés, utilisez des moules à muffins.

50 cl de lait écrémé ou demi-écrémé
25 g de beurre demi-sel allégé à 41 %
100 g de farine
80 g de sucre semoule
3 cuillerées à soupe d'édulcorant en poudre
3 œufs entiers + 2 jaunes
5 cuillerées à soupe de rhum brun
1 gousse de vanille

Dans une casserole, portez à ébullition le lait, le beurre et la gousse de vanille fendue en deux.
Dans un saladier, mélangez la farine avec le sucre et l'édulcorant. Incorporez les œufs et les jaunes. Versez le lait chaud petit à petit et mélangez doucement jusqu'à l'obtention d'une pâte lisse. Laissez refroidir et ajoutez le rhum.
Réservez au réfrigérateur pendant 24 heures.
Préchauffez le four à 220 °C (thermostat 7/8).
Versez la pâte dans les moules légèrement beurrés jusqu'à 1 cm du bord. Mettez-les au four pendant 10 minutes puis 30 minutes à 180 °C (thermostat 6).
Pour que les cannelés ne retombent pas, retournez-les sur une grille après le démoulage.

Le conseil de Sophie :

Les cannelés perdant de leur croustillant très vite, n'hésitez pas à les repasser au four à 220 °C (thermostat 7/8) pendant 5 minutes.

muffins banane et noix de pécan

Moules à muffins en silicone ou caissettes en papier

Pour 10 à 12 muffins

250 g de farine avec poudre levante incorporée ou 250 g de farine et 1/2 sachet de levure chimique
160 g de sucre semoule
2 œufs entiers
8 cl d'huile de tournesol
12 cl de lait entier ou demi-écrémé
2 bananes
30 g de noix de pécan
1 pincée de sel

Préchauffez le four à 180 °C (thermostat 6).
Dans un saladier, mélangez ensemble la farine, le sucre et le sel. Faites un puits.
Dans un autre saladier, battez les œufs avec un fouet.
Ajoutez l'huile puis le lait.
Incorporez dans le premier mélange, mais ne mélangez pas trop. Ajoutez les bananes écrasées et les noix de pécan concassées.
Remplissez les moules de pâte jusqu'à 1 cm du bord.
Mettez au four immédiatement pendant 25 à 30 minutes.

Le conseil de Sophie :

Il est important pour les muffins de mélanger d'un côté les ingrédients secs (farine, levure...) et de l'autre côté les ingrédients humides (beurre, lait...).

250 g de farine avec poudre levante incorporée ou 250 g de farine et 1/2 sachet de levure chimique
3 cuillerées à soupe d'édulcorant en poudre
3 œufs entiers
2 yaourts à la vanille
1 banane
30 g de noix de pécan ou de noix

Préchauffez le four à 180 °C (thermostat 6).
Dans un saladier, mélangez ensemble la farine et l'édulcorant.
Faites un puits.
Dans un autre saladier, battez les œufs avec un fouet. Ajoutez les yaourts.
Incorporez dans le premier mélange, mais ne mélangez pas trop.
Ajoutez la banane écrasée et les noix de pécan concassées.
Remplissez les moules de pâte jusqu'à 1 cm du bord. Mettez au four immédiatement pendant 20 minutes.

Le conseil de Sophie :

Vous pouvez remplacer la banane par une poire.
Les muffins se congèlent très bien emballés dans du papier d'aluminium.

financiers

12 moules à financiers ou 40 moules à mini-financiers

170 g de beurre
120 g de poudre d'amandes
140 g de sucre glace
40 g de farine
4 blancs d'œufs (140 g)

Préchauffez le four à 180 °C (thermostat 6).
Dans une casserole, faites fondre le beurre jusqu'à ce qu'il prenne une couleur noisette.
Dans un saladier, mélangez la poudre d'amandes, le sucre glace et la farine. Ajoutez les blancs d'œufs non battus et mélangez. Incorporez le beurre chaud.
Garnissez les moules beurrés à ras bord et mettez-les au four pendant 20 minutes, ou 15 minutes pour les mini-financiers.
Une fois bien dorés, sortez-les du four et démoulez-les sur une grille pour qu'ils restent moelleux.

130 g de beurre allégé à 41 %
120 g de poudre d'amandes
50 g de sucre glace
2 cuillerées à soupe d'édulcorant en poudre
40 g de farine
5 blancs d'œufs (175 g)
1 cuillerée à café de vanille liquide
ou d'arôme d'amande amère
le zeste de 1 citron

Préchauffez le four à 180 °C (thermostat 6).
Dans une casserole ou au micro-ondes, faites fondre le beurre.
Dans un saladier, mélangez la poudre d'amandes, le sucre glace, l'édulcorant et la farine. Ajoutez les blancs d'œufs non battus et mélangez. Incorporez le beurre chaud, puis la vanille et le zeste de citron.
Garnissez les moules beurrés à ras bord et mettez-les au four pendant 20 minutes, ou 15 minutes pour les mini-financiers.
Une fois bien dorés, sortez-les du four et démoulez-les sur une grille pour qu'ils restent moelleux.

Le conseil de Sophie :

Le beurre allégé ne colorant pas, il ne donnera donc pas ce goût particulier de noisette au financier. Vous pouvez aussi ajouter 1 framboise sur la préparation, avant la cuisson.

Le conseil de Sophie :

La pâte peut être préparée à l'avance et mise au réfrigérateur. Elle n'en sera que meilleure. Elle peut même se congeler. Quand vous n'utilisez que les jaunes d'œufs, conservez les blancs dans un bocal fermé au réfrigérateur. Vous pouvez les conserver au moins un mois. Pesez-les avant. Les miens font 35 g le blanc : 10 blancs représentent donc 350 g. Vous pourrez aussi les utiliser pour faire des meringues, des rochers coco...

150 g de farine
100 g de beurre demi-sel mou
50 g de sucre semoule
1 cuillerée à soupe de sucre semoule pour la décoration

Dans un saladier, mélangez le beurre, le sucre et la farine.
Avec les mains, formez une boule avec la pâte.
Posez-la sur le plan de travail fariné et pétrissez-la pendant 1 minute. Formez un boudin. Enveloppez-le dans du film alimentaire et mettez-le au réfrigérateur pendant 1 heure.
Préchauffez le four à 150 °C (thermostat 5).
Coupez la pâte en rondelles d'environ 1 cm d'épaisseur. Déposez les rondelles sur la plaque du four recouverte de papier sulfurisé, et piquez-les légèrement à l'aide d'une fourchette.
Enfournez pendant 15 minutes jusqu'à ce que les biscuits soient légèrement dorés.
Dès la sortie du four, saupoudrez de sucre et laissez refroidir sur une grille.

Le conseil de Sophie :

Les shortbread sont des petits sablés d'origine écossaise. Vous pouvez conserver ces gâteaux environ 3 semaines dans une boîte hermétique.

shortbread

Pour environ 15 biscuits

150 g de farine
100 g de beurre demi-sel
allégé à 41 %
20 g de sucre semoule
3 cuillerées à soupe
d'édulcorant en poudre

Dans un saladier, mélangez le beurre, le sucre, l'édulcorant et la farine.
Avec les mains, formez une boule avec la pâte.
Posez-la sur le plan de travail fariné et pétrissez-la pendant 1 minute.
Formez un boudin. Enveloppez-le dans du film alimentaire et mettez-le au réfrigérateur pendant 1 heure.
Préchauffez le four à 150 °C (thermostat 5).
Coupez la pâte en rondelles d'environ 1 cm d'épaisseur.
Déposez les rondelles sur la plaque du four recouverte de papier sulfurisé et piquez-les légèrement à l'aide d'une fourchette.
Enfournez pendant 15 minutes jusqu'à ce que les biscuits soient légèrement dorés.
Laissez-les refroidir sur une grille.

Le conseil de Sophie :

Vous pouvez ajouter à la pâte du zeste d'orange ou de citron, ou de la cannelle en poudre. Préparez plus de pâte et congelez-en la moitié.

croquants aux amandes

Pour environ 10 croquants

2 œufs + 1 jaune pour dorer
125 g de sucre semoule
125 g de farine
40 g de beurre mou
70 g de poudre d'amandes
100 g d'amandes entières
1 cuillerée à soupe de vanille liquide

Préchauffez le four à 200 °C (thermostat 6/7).
Dans un saladier, mélangez les œufs entiers, le sucre, la farine, le beurre, la poudre d'amandes et les amandes entières. Incorporez la vanille.
Sur une plaque de cuisson en silicone, ou sur du papier sulfurisé, étalez la pâte sous forme de bâtonnets de l'épaisseur d'un doigt. À l'aide d'un pinceau, dorez les bâtonnets au jaune d'œuf préalablement battu avec un peu d'eau.
Mettez au four pendant 20 minutes.

Le conseil de Sophie :

Vous pouvez remplacer les amandes par des noix, des noisettes, des pistaches ou des cacahuètes.

3 œufs + 1 jaune pour dorer
50 g de sucre semoule
2 cuillerées à soupe d'édulcorant en poudre
125 g de farine
40 g de beurre allégé à 41 %
70 g de poudre d'amandes
100 g d'amandes entières
2 cuillerées à soupe de fleur d'oranger ou de pastis

Préchauffez le four à 200 °C (thermostat 6/7).
Dans un saladier, mélangez les œufs entiers, le sucre, l'édulcorant, la farine, le beurre, la poudre d'amandes et les amandes entières. Incorporez la fleur d'oranger.
Sur une plaque de cuisson en silicone, ou du papier sulfurisé, étalez la pâte sous forme de bâtonnets de l'épaisseur d'un doigt. À l'aide d'un pinceau, dorez les bâtonnets au jaune d'œuf préalablement battu avec un peu d'eau.
Mettez au four pendant 20 minutes.

Le conseil de Sophie :

Plus la cuisson est longue, plus les croquants sont durs.
Ils se conservent 15 jours dans une boîte hermétique.

tuiles à l'orange

Pour une douzaine de tuiles

200 g de sucre roux cassonade
100 g de beurre mou
15 cl de jus d'orange
100 g de farine
1 cuillerée à café de pistaches non salées hachées

Préchauffez le four à 180 °C (thermostat 6).
Dans un saladier, fouettez le sucre avec le beurre. Incorporez petit à petit le jus d'orange préalablement chauffé puis la farine.
Sur la plaque de votre four recouverte d'une plaque de cuisson en silicone ou de papier sulfurisé, déposez à l'aide d'une cuillère à soupe des petits tas de pâte distants les uns des autres. Parsemez de pistaches hachées. Mettez au four pendant environ 7 minutes jusqu'à ce qu'ils soient dorés.
À la sortie du four, attendez quelques instants avant de décoller les tuiles de la plaque. Elles doivent être assez refroidies pour pouvoir être manipulées sans se casser et assez chaudes pour pouvoir être mises en forme. Pour leur donner une forme incurvée, enroulez les tuiles encore tièdes autour d'une bouteille de vin ou d'un rouleau à pâtisserie.

Le conseil de Sophie :

Vous pouvez remplacer les pistaches par des amandes effilées.

100 g de sucre roux cassonade
2 cuillerées à soupe d'édulcorant en poudre
100 g de beurre allégé à 41 %
15 cl de jus d'orange
100 g de farine

Préchauffez le four à 180 °C (thermostat 6).
Dans un saladier, fouettez le sucre et l'édulcorant avec le beurre. Incorporez petit à petit le jus d'orange préalablement chauffé puis la farine.
Sur la plaque de votre four recouverte d'une plaque de cuisson en silicone ou de papier sulfurisé, déposez à l'aide d'une cuillère à soupe des petits tas de pâte distants les uns des autres. Mettez au four pendant environ 7 minutes jusqu'à ce qu'ils soient dorés.
À la sortie du four, attendez quelques instants avant de décoller les tuiles de la plaque. Elles doivent être assez refroidies pour pouvoir être manipulées sans se casser et assez chaudes pour pouvoir être mises en forme. Pour leur donner une forme incurvée, enroulez les tuiles encore tièdes autour d'une bouteille de vin ou d'un rouleau à pâtisserie.

Le conseil de Sophie :
Vous pouvez remplacer le jus d'orange par 5 cl de jus de citron.

20 cl de lait entier ou demi-écrémé
125 g de miel
250 g de farine avec poudre levante incorporée ou 250 g de farine et 1/2 sachet de levure chimique.
100 g de sucre roux cassonade
2 cuillerées à café de mélange 4 épices

Préchauffez le four à 180 °C (thermostat 6).
Dans une casserole, faites chauffer le miel avec le lait.
Dans un saladier, mélangez la farine avec le sucre et les épices.
Incorporez petit à petit le mélange de lait et de miel.
Versez le tout dans le moule préalablement beurré et fariné et mettez au four pendant 40 minutes.
Démoulez et laissez refroidir.

Le conseil de Sophie :

Ce pain d'épice est idéal pour accompagner le foie gras.

pain d'épice

1 moule à cake de 26 cm - Pour 8 personnes

20 cl de lait écrémé ou demi-écrémé
125 g de miel
250 g de farine avec poudre levante incorporée ou 250 g de farine et 1/2 de levure chimique.
4 cuillerées à soupe d'édulcorant en poudre
2 cuillerées à café de mélange 4 épices

Préchauffez le four à 180 °C (thermostat 6).
Dans une casserole, faites chauffer le miel avec le lait.
Dans un saladier, mélangez la farine avec l'édulcorant et les épices. Incorporez petit à petit le mélange de lait et de miel.
Versez le tout dans le moule préalablement beurré et fariné et mettez au four pendant 45 minutes.
Démoulez et laissez refroidir.

Le conseil de Sophie :

Vous pouvez remplacer la farine de blé par de la farine de seigle.

Tout chocolat !

Classique Allégé

verres chocolatés

Pour 8 verres

25 cl de lait entier
ou demi-écrémé
25 cl de crème liquide
4 jaunes d'œufs
80 g de sucre semoule
175 g de chocolat noir

Dans une casserole, portez le lait et la crème à ébullition.
Dans un saladier, mélangez les jaunes d'œufs avec le sucre. Incorporez le mélange de lait et de crème tout en fouettant.
Remettez le tout dans la casserole sur feu doux pendant 2 minutes tout en remuant jusqu'à l'obtention d'une crème.
Dans un autre saladier, cassez le chocolat en morceaux. Versez en 3 fois le mélange encore chaud sur le chocolat coupé en morceaux. Mélangez au fur et à mesure à l'aide d'un fouet.
Répartissez le tout dans les verres.
Laissez refroidir et mettez au réfrigérateur pendant au minimum 3 heures.

Le conseil de Sophie :

Ce dessert peut se préparer 48 heures à l'avance.
Pour que la préparation soit bien lisse, il est important de verser la crème sur le chocolat en plusieurs fois.

25 cl de lait écrémé
ou demi-écrémé
25 cl de crème liquide
allégée à 4 ou 15 %
4 jaunes d'œufs
4 cuillerées à soupe
d'édulcorant
175 g de chocolat noir

Dans une casserole, portez le lait et la crème à ébullition. Dans un saladier, mélangez les jaunes d'œufs avec l'édulcorant. Versez le mélange de lait et de crème tout en fouettant. Remettez le tout dans la casserole sur feu doux pendant 2 minutes tout en remuant jusqu'à l'obtention d'une crème. Dans un autre saladier, cassez le chocolat en morceaux. Versez en 3 fois le mélange encore chaud sur le chocolat coupé en morceaux. Mélangez au fur et à mesure à l'aide d'un fouet. Répartissez le tout dans les verres. Laissez refroidir et mettez au réfrigérateur pendant au minimum 3 heures.

crème d'Annette

Pour 6 personnes

50 cl de lait entier
ou demi-écrémé
20 g de chocolat noir pâtissier
3 cuillerées à soupe de cacao
en poudre non sucré
60 g de sucre semoule
20 g de Maïzena®

Dans une casserole, faites fondre, à feu doux, le chocolat en morceaux avec le lait. Ajoutez le cacao et mélangez. Ajoutez le sucre et la Maïzena® en pluie.
Mélangez à l'aide d'un fouet sur feu doux jusqu'à ce que la crème épaississe (il faut qu'elle ait la consistance d'une crème dessert). Versez la crème dans un saladier. Remuez-la de temps en temps jusqu'à refroidissement et mettez-la au réfrigérateur minimum 1 heure.

Le conseil de Sophie :

Vous pouvez mettre moitié lait, moitié crème liquide. La consistance sera encore plus crémeuse.

50 cl de lait écrémé
ou demi-écrémé
20 g de chocolat
noir pâtissier
3 cuillerées à soupe
de cacao en poudre non sucré
4 cuillerées à soupe
d'édulcorant en poudre
20 g de Maïzena®

Dans une casserole, faites fondre, à feu doux, le chocolat en morceaux avec le lait. Ajoutez le cacao et mélangez. Ajoutez l'édulcorant et la Maïzena® en pluie.
Mélangez à l'aide d'un fouet sur feu doux jusqu'à ce que la crème épaississe (il faut qu'elle ait la consistance d'une crème dessert). Versez la crème dans un saladier. Remuez-la de temps en temps jusqu'à refroidissement et mettez-la au réfrigérateur minimum 1 heure.

Le conseil de Sophie :

Si la crème fait des grumeaux, mixez-la rapidement à l'aide d'un mixeur blender ou plongeur.

Vous pouvez ajouter à la crème une poire coupée en morceaux.

200 g de chocolat noir pâtissier
15 cl de lait entier ou demi-écrémé
20 cl de crème liquide
3 jaunes d'œufs
60 g de sucre semoule

Préchauffez le four à 160 °C (thermostat 5/6).
Dans un bol, cassez le chocolat en morceaux. Ajoutez le lait et la crème.
Faites fondre le tout au micro-ondes puissance maximum pendant 1 minute 30 ou au bain-marie.
Mélangez à l'aide d'un fouet.
Dans un saladier, battez les jaunes d'œufs avec le sucre et incorporez-y petit à petit le mélange chocolat.
Versez la préparation dans les ramequins. Mettez au four, au bain-marie, pendant 20 minutes.
Le milieu doit être encore tremblotant.
Sortez les ramequins de l'eau, laissez refroidir à température ambiante puis mettez-les au réfrigérateur.

Le conseil de Sophie :

Vous pouvez décorer ces petits pots de copeaux de chocolat noir ou blanc que vous découperez à l'aide d'un économe.

petits pots de crème au chocolat

6 ramequins - Pour 6 personnes

200 g de chocolat noir pâtissier
15 cl de lait écrémé ou demi-écrémé
20 cl de crème liquide à 4 ou 15 %
5 jaunes d'œufs
3 cuillerées à soupe d'édulcorant en poudre

Préchauffez le four à 160 °C (thermostat 5/6).
Dans un bol, cassez le chocolat en morceaux. Ajoutez le lait et la crème.
Faites fondre le tout au micro-ondes puissance maximum pendant 1 minute 30 ou au bain-marie. Mélangez à l'aide d'un fouet.
Dans un saladier, mélangez les jaunes d'œufs avec l'édulcorant et incorporez-y petit à petit le mélange chocolat.
Versez la préparation dans les ramequins. Mettez au four, au bain-marie, pendant 20 minutes. Le milieu doit être encore tremblotant.
Sortez les ramequins de l'eau, laissez refroidir à température ambiante puis mettez-les au réfrigérateur.

Le conseil de Sophie :

Utilisez en guise de bain-marie la lèchefrite du four. Déposez vos pots de crème dessus et versez de l'eau froide à hauteur de la plaque.

brownies

1 moule carré de 23 cm
ou un moule à manqué de 24 cm

Pour 6 à 8 personnes

3 œufs
150 g de sucre semoule
60 g de farine
250 g de chocolat
noir pâtissier
150 g de beurre
125 g de fruits secs concassés
(amandes, noix,
noix de pécan, raisins)

Préchauffez le four à 180 °C (thermostat 6).
Dans un saladier, fouettez les œufs avec le sucre. Incorporez la farine.
Faites fondre le chocolat avec le beurre au micro-ondes ou au bain-marie. Mélangez.
Incorporez à la préparation le chocolat fondu puis les fruits secs.
Versez la pâte dans le moule beurré et fariné.
Mettez au four pendant 20 minutes.
Laissez refroidir avant de démouler.

Le conseil de Sophie :
Vous pouvez remplacer les fruits secs par des oranges confites.

4 œufs
50 g de sucre semoule
4 cuillerées à soupe d'édulcorant en poudre
60 g de farine
250 g de chocolat noir pâtissier
150 g de beurre allégé
100 g de fruits secs concassés (amandes, noix, noix de pécan, raisins)

Préchauffez le four à 180 °C (thermostat 6).
Dans un saladier, fouettez les œufs avec le sucre et l'édulcorant. Incorporez la farine.
Faites fondre le chocolat avec le beurre au micro-ondes ou au bain-marie. Mélangez.
Incorporez à la préparation le chocolat fondu puis les fruits secs.
Versez la pâte dans le moule beurré et fariné. Mettez au four pendant 20 minutes.
Laissez refroidir avant de démouler.

Le conseil de Sophie :

Le brownie est encore meilleur froid. Ne le mettez pas au réfrigérateur pour autant.

marquise au chocolat

1 moule à cake de 26 cm - Pour 8 à 10 personnes

150 g de chocolat noir
150 g de beurre
20 g de cacao non sucré
4 jaunes d'œufs
150 g de sucre glace
40 cl de crème liquide

Faites fondre le beurre et le chocolat au micro-ondes ou au bain-marie.
Hors du feu, ajoutez le cacao et mélangez.
Fouettez les jaunes d'œufs avec le sucre glace et ajoutez le chocolat tiédi.
Montez la crème bien froide en chantilly et incorporez-la à la préparation.
Tapissez le moule de papier film. Versez la préparation dans le moule et mettez au congélateur pendant au moins 12 heures.
Démoulez la marquise au chocolat 30 minutes avant de la servir.

Le conseil de Sophie :

Si vous ne désirez pas monter la crème en chantilly, utilisez-la déjà toute prête en bombe.
Vous pouvez répartir la marquise dans des coupes ou dans des verres. Laissez-la alors au réfrigérateur pendant au minimum 2 heures avant de la servir.
Vous pouvez remplacer le chocolat par du Toblerone®.

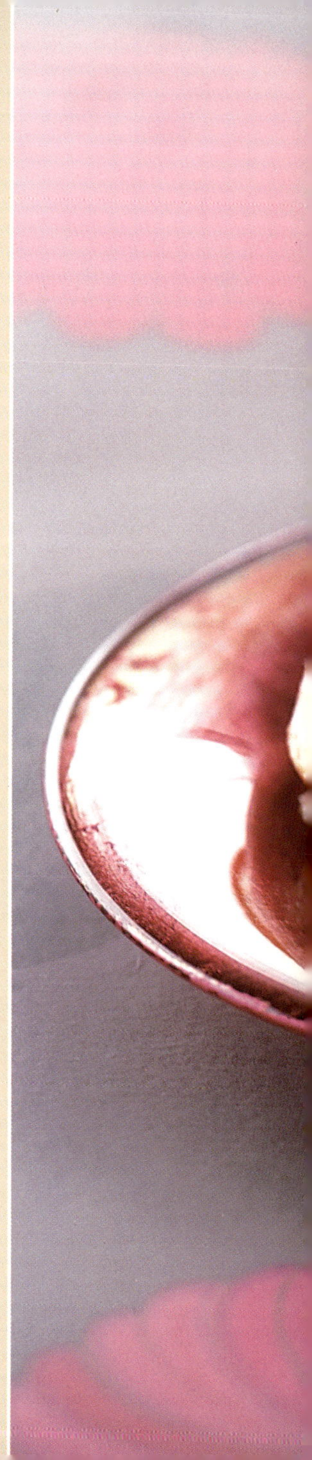

150 g de chocolat noir
150 g de beurre allégé à 41 %
20 g de cacao non sucré
4 jaunes d'œufs
4 cuillerées à soupe d'édulcorant en poudre
2 bombes de crème Chantilly légère

Faites fondre le beurre et le chocolat au micro-ondes ou au bain-marie.
Hors du feu, ajoutez le cacao et mélangez.
Fouettez les jaunes d'œufs avec l'édulcorant et ajoutez le chocolat tiédi.
Incorporez la chantilly à la préparation.
Tapissez le moule de papier film.
Versez la préparation dans le moule et mettez au congélateur pendant au moins 12 heures.
Démoulez la marquise au chocolat 30 minutes avant de la servir.

Le conseil de Sophie :

Si vous utilisez un moule en silicone, ne le tapissez pas de papier film.

tarte aux poires pistachées

1 moule à tarte de 28 cm - Pour 8 personnes

1 pâte sablée prête à dérouler ou maison (voir recette p. 10)
3 poires mûres ou 1 boîte de poires 4/4 au sirop
100 g de sucre glace
100 g de beurre demi-sel mou
50 g de poudre d'amandes
50 g de pistaches non salées hachées
1 œuf

Pour la ganache :
150 g de chocolat
15 cl de crème liquide

Préchauffez le four à 180 °C (thermostat 6).
Étalez la pâte dans le moule à tarte. Réservez au réfrigérateur.
Dans un saladier, mélangez à l'aide d'une cuillère en bois le sucre glace, le beurre en petits morceaux, la poudre d'amandes, les pistaches hachées et l'œuf.
Épluchez, épépinez et coupez en quatre les poires.
Étalez la préparation sur le fond de tarte et disposez les poires par-dessus. Mettez au four pendant 30 minutes.
Laissez refroidir.
Pendant ce temps, dans une casserole, portez la crème à ébullition. Versez-la sur le chocolat préalablement coupé en morceaux. Mélangez. Recouvrez la tarte de ganache.
Laissez refroidir.

1 pâte sablée prête à dérouler
ou maison (voir recette p. 10)
3 poires mûres ou 1 boîte
de poires 4/4 au sirop
4 cuillerées à soupe d'édulcorant
en poudre
100 g de beurre demi-sel
allégé à 41 %
50 g de poudre d'amandes
50 g de pistaches non salées
hachées
1 œuf

Pour la ganache :
150 g de chocolat
15 cl de crème liquide allégée
à 4 ou 15 %

Préchauffez le four à 180 °C (thermostat 6).
Étalez la pâte dans le moule à tarte. Réservez au réfrigérateur.
Dans un saladier, mélangez à l'aide d'une cuillère en bois l'édulcorant, le beurre en petits morceaux, la poudre d'amandes, les pistaches hachées et l'œuf.
Épluchez, épépinez et coupez en quatre les poires.
Étalez la préparation sur le fond de tarte et disposez les poires par-dessus. Mettez au four pendant 30 minutes.
Laissez refroidir.
Pendant ce temps, dans une casserole, portez la crème à ébullition.
Versez-la sur le chocolat préalablement coupé en morceaux. Mélangez.
Recouvrez la tarte de ganache. Laissez refroidir.

Le conseil de Sophie :

Laissez le papier sulfurisé lorsque vous étalez la pâte à tarte dans le moule. Vous la démoulerez ainsi plus facilement.
Si le beurre est trop dur, passez-le 30 secondes au micro-ondes afin de le ramollir.

Le conseil de Sophie :

"Cette tarte peut se manger sans la ganache au chocolat. Dans ce cas, pour ceux qui aiment le chocolat, proposez tout de même, à part, un pot de ganache sans attendre qu'elle durcisse ."

3 œufs
130 g de sucre semoule
50 g de farine avec poudre levante incorporée ou 50 g de farine et 1 cuillerée à café rase de levure
150 g de chocolat noir pâtissier
150 g de beurre demi-sel mou

Préchauffez le four à 180 °C (thermostat 6).
Dans un saladier, fouettez les œufs avec le sucre. Ajoutez la farine. Mélangez.
Faites fondre le chocolat avec le beurre au micro-ondes ou au bain-marie. Mélangez.
Incorporez le chocolat fondu à la préparation.
Versez le tout dans le moule beurré et fariné et mettez au four pendant 30 minutes. Le cake doit être encore fondant à l'intérieur.
Laissez refroidir et démoulez.

Le conseil de Sophie :

Ce cake est encore meilleur le lendemain. Il se conserve 10 jours, à température ambiante, emballé dans du papier d'aluminium. Vous pouvez ajouter à la préparation 100 g d'oranges confites en dés ou 80 g de noix, noisettes, amandes…
Vous pouvez faire cuire le cake seulement 20 minutes. Laissez-le refroidir et mettez-le au réfrigérateur dans son moule jusqu'au lendemain.

cake au chocolat

1 moule à cake de 26 cm - Pour 8 personnes

4 œufs
50 g de sucre semoule
3 cuillerées à soupe d'édulcorant en poudre
50 g de farine avec poudre levante incorporée ou 50 g de farine et 1 cuillerée à café rase de levure
150 g de chocolat noir pâtissier
125 g de beurre demi-sel à 41 %

Préchauffez le four à 180 °C (thermostat 6).
Dans un saladier, fouettez les œufs avec le sucre et l'édulcorant. Ajoutez la farine. Mélangez.
Faites fondre le chocolat avec le beurre au micro-ondes ou au bain-marie. Mélangez.
Incorporez le chocolat fondu à la préparation.
Versez le tout dans le moule beurré et fariné et mettez au four pendant 30 minutes.
Le cake doit être encore fondant à l'intérieur. Laissez refroidir et démoulez.

Le conseil de Sophie :
Vous pouvez ajouter à la préparation une poire mûre découpée en morceaux.

mousse au chocolat

Pour 6 à 8 personnes

400 g de chocolat noir pâtissier à 55 %
100 g de beurre
25 cl de crème liquide ou épaisse
8 œufs
50 g de sucre semoule
1 pincée de sel

Dans un bol, faites fondre le chocolat avec le beurre et la crème au micro-ondes ou au bain-marie. Mélangez et laisser tiédir.
Séparez les blancs des jaunes d'œufs.
Incorporez les jaunes au chocolat.
Montez les blancs d'œufs avec le sel en neige ferme.
Ajoutez-y le sucre tout en continuant à fouetter.
Incorporez délicatement les blancs au chocolat.
Répartissez la mousse dans des coupes, des verres ou un beau saladier.
Mettez au réfrigérateur pendant 3 heures minimum.

400 g de chocolat noir
pâtissier à 55 %
2 cuillerées à soupe
d'édulcorant en poudre
10 blancs d'œufs (325 g)
1 pincée de sel

Dans un bol, faites fondre le chocolat au micro-ondes ou au bain-marie. Laissez-le tiédir. Ajoutez l'édulcorant et mélangez. Montez les blancs d'œufs avec le sel en neige ferme. Incorporez délicatement les blancs au chocolat. Répartissez la mousse dans des coupes, des verres ou un beau saladier. Mettez au réfrigérateur pendant 3 heures minimum.

Le conseil de Sophie :

Avec les jaunes restants (qui n'ont pas été utilisés dans la mousse au chocolat allégé) faites une crème anglaise allégée (voir recette p. 13).

Que de fruits !

Classique Allégé

gratin de figues

6 plats à oreilles - Pour 6 personnes

15 figues fraîches ou surgelées
2 œufs
80 g de sucre semoule
20 cl de crème liquide
1 cuillerée à café de vanille en poudre

Préchauffez le gril du four.
Lavez les figues et découpez le bout de la queue sans les peler. Coupez-les en deux et répartissez-les dans les plats.
Dans un saladier, fouettez les œufs avec le sucre et la vanille. Versez la crème et mélangez.
Répartissez la préparation sur les figues.
Mettez sous le gril pendant environ 15 minutes. Surveillez la cuisson, elles doivent être juste dorées.
Ce gratin se mange tiède ou froid, à température ambiante.

Le conseil de Sophie :

Version rapide : répartissez les figues dans les plats, posez sur chacune d'elles 1 grosse boule de glace vanille et mettez sous le gril 10 minutes.

15 figues fraîches ou surgelées
2 œufs
3 cuillerées à soupe d'édulcorant
20 cl de crème liquide allégée à 15 %
1 cuillerée à café de vanille en poudre

Préchauffez le gril du four.
Lavez les figues et découpez le bout de la queue sans les peler. Coupez-les en deux et répartissez-les dans les plats.
Dans un saladier, fouettez les œufs avec l'édulcorant et la vanille. Versez la crème et mélangez.
Répartissez la préparation sur les figues.
Mettez sous le gril pendant environ 15 minutes.
Surveillez la cuisson, elles doivent être juste dorées.
Ce gratin se mange tiède ou froid, à température ambiante.

Le conseil de Sophie :

Vous pouvez remplacer les figues par des clémentines, des poires ou de la mangue.
Si vous utilisez des figues surgelées, ne les décongelez pas.

200 g de pruneaux dénoyautés ou pas
70 cl de lait entier
4 œufs
150 g de sucre semoule
200 g de farine
2 cuillerées à soupe de calvados ou de rhum
10 g de beurre mou

Préchauffez le four à 220 °C (thermostat 7/8).
Beurrez un plat à gratin et répartissez-y les pruneaux.
Dans une casserole, faites bouillir le lait.
Dans un saladier, mélangez les œufs avec le sucre. Incorporez la farine puis le calvados. Tout en fouettant, versez le lait petit à petit sur la préparation.
Versez le tout sur les pruneaux et mettez au four pendant 10 minutes à 220 °C (thermostat 7/8) puis 25 minutes à 180 °C (thermostat 6).

Le conseil de Sophie :

Le far est encore meilleur le lendemain.

far breton

Pour 6 personnes

150 g de pruneaux dénoyautés ou pas
70 cl de lait écrémé ou demi-écrémé
5 œufs
4 cuillerées à soupe d'édulcorant en poudre
200 g de farine
2 cuillerées à soupe de calvados
10 g de beurre allégé à 41 %

Préchauffez le four à 220 °C (thermostat 7/8).
Beurrez un plat à gratin et répartissez-y les pruneaux.
Dans une casserole, faites bouillir le lait.
Dans un saladier, mélangez les œufs avec l'édulcorant. Incorporez la farine puis le calvados.
Tout en fouettant, versez le lait petit à petit sur la préparation.
Versez le tout sur les pruneaux et mettez au four pendant 10 minutes à 220 °C (thermostat 7/8) puis 25 minutes à 180 °C (thermostat 6).

Le conseil de Sophie :

Vous pouvez remplacer les pruneaux par des pommes ou même réaliser le gâteau nature.

200 g de riz rond
1 litre de lait entier ou demi-écrémé
50 g de sucre semoule
2 jaunes d'œufs
4 pommes
1 cuillerée à soupe de beurre
3 pincées de cannelle en poudre

Pour le caramel au beurre salé :
100 g de sucre semoule
3 cuillerées à soupe d'eau
30 g de beurre demi-sel
20 cl de crème liquide

Mettez le riz dans de l'eau bouillante pendant 2 minutes. Égouttez-le.
Dans une casserole, portez le lait à ébullition. Ajoutez-y le riz et cuisez à feu doux en remuant de temps en temps pendant environ 30 minutes.
Hors du feu, ajoutez le sucre puis les jaunes d'œufs. Mélangez et laissez refroidir à température ambiante.
Épluchez et coupez les pommes en morceaux. Dans une sauteuse, faites-les dorer à feu moyen avec le beurre. Saupoudrez de cannelle et réservez.
Préparez le caramel. Dans une petite casserole, faites dissoudre le sucre dans l'eau. Portez à ébullition sur feu vif jusqu'à l'obtention d'un caramel doré. Ne le remuez jamais. Hors du feu, ajoutez le beurre puis la crème liquide. Mélangez et laissez refroidir (en refroidissant, le caramel va épaissir).
Répartissez le riz au lait dans 6 verres de votre choix, posez la compotée de pommes par-dessus puis le caramel.

Le conseil de Sophie :

Vous pouvez faire flamber les pommes avec du calvados.
Vous pouvez remplacer la cannelle par de la vanille.

pommes et riz au lait

Pour 6 à 8 personnes

200 g de riz rond
1 litre de lait écrémé ou demi-écrémé
4 cuillerées à soupe d'édulcorant en poudre
2 jaunes d'œufs
4 pommes
1 cuillerée à soupe de beurre allégé à 41 %
2 pincées de cannelle en poudre

Pour le coulis de pommes :
1 pomme verte granny-smith
2 cuillerées à soupe d'édulcorant en poudre
5 cl d'eau

Mettez le riz dans de l'eau bouillante pendant 2 minutes. Égouttez-le.
Dans une casserole, portez le lait à ébullition. Ajoutez-y le riz et cuisez à feu doux en remuant de temps en temps pendant environ 30 minutes.
Hors du feu, ajoutez l'édulcorant puis les jaunes d'œufs.
Mélangez et laissez refroidir à température ambiante.
Épluchez et coupez les pommes en morceaux.
Dans une sauteuse, faites-les dorer à feu moyen avec le beurre. Saupoudrez de cannelle et réservez.
Préparez le coulis : épluchez et coupez la pomme en morceaux. Mixez-la avec l'eau et l'édulcorant dans un mixeur blender.
Répartissez le riz au lait dans 6 verres de votre choix, posez la compotée de pommes par-dessus. Nappez avec le coulis.

Le conseil de Sophie :

Préparez le coulis de pommes à la dernière minute pour éviter l'oxydation de la pomme.

flan aux poires

Pour 6 à 8 personnes

1 boîte de poires 4/4 au sirop
2 œufs
100 g de sucre semoule
20 g de poudre d'amandes
50 g de farine
20 cl de lait entier
ou demi-écrémé
20 cl de crème liquide
1 sachet de sucre vanillé
30 g de beurre

Préchauffez le four à 180 °C (thermostat 6).
Égouttez et coupez les poires en morceaux.
Répartissez-les dans un plat beurré allant au four.
Dans un saladier, mélangez les œufs avec le sucre et la poudre d'amandes. Incorporez la farine puis le lait et la crème.
Versez le tout sur les poires. Parsemez de sucre vanillé et de morceaux de beurre. Mettez au four pendant 35 minutes.
Servez tiède ou froid.

Le conseil de Sophie :

Vous pouvez parsemer les poires de 100 g de pépites de chocolat avant de verser la préparation dessus.
Vous pouvez aussi ajouter à la préparation 2 cuillerées à soupe d'alcool de poire.

1 boîte de poires 4/4 au sirop
2 œufs
4 cuillerées à soupe d'édulcorant en poudre
20 g de poudre d'amandes
50 g de farine
20 cl de lait écrémé ou demi-écrémé
20 cl de crème liquide allégée à 4 ou 15 %
30 g de beurre allégé à 41 %

Préchauffez le four à 180 °C (thermostat 6).
Égouttez et coupez les poires en morceaux.
Répartissez-les dans un plat beurré allant au four.
Dans un saladier, mélangez les œufs avec l'édulcorant et la poudre d'amandes.
Incorporez la farine puis le lait et la crème.
Versez le tout sur les poires. Parsemez de morceaux de beurre. Mettez au four pendant 35 minutes.
Servez tiède ou froid.

Le conseil de Sophie :

Vous pouvez remplacer les poires par n'importe quel fruit.

gâteau aux noix

1 moule à manqué de 24 cm - Pour 8 personnes

250 g de cerneaux de noix
4 œufs
250 g de sucre semoule
100 g de farine
125 g de beurre demi-sel

Préchauffez le four à 180 °C (thermostat 6).
Mixez les cerneaux de noix à l'aide d'un robot.
Séparez les blancs des jaunes.
Dans un saladier, fouettez les jaunes avec le sucre.
Incorporez la farine puis le beurre préalablement fondu.
Ajoutez les cerneaux de noix hachés et mélangez.
Battez les blancs en neige ferme et incorporez-les au mélange.
Versez la préparation dans le moule beurré et fariné.
Mettez au four pendant 40 minutes.

Le conseil de Sophie :

Vous pouvez incorporer à la préparation 2 cuillerées à soupe de rhum. Ce gâteau se congèle très bien.

200 g de cerneaux de noix
5 œufs
4 cuillerées à soupe d'édulcorant en poudre
100 g de farine
125 g de beurre allégé à 41 %

Préchauffez le four à 180 °C (thermostat 6).
Mixez les cerneaux de noix à l'aide d'un robot.
Séparez les blancs des jaunes.
Dans un saladier, mélangez les jaunes avec l'édulcorant.
Incorporez la farine puis le beurre préalablement fondu.
Ajoutez les cerneaux de noix hachés et mélangez.
Battez les blancs en neige ferme et incorporez-les au mélange.
Versez la préparation dans le moule beurré et fariné.
Mettez au four pendant 40 minutes.

Le conseil de Sophie :

Vous pouvez remplacer les noix par des noisettes, des amandes ou des noix de pécan hachées.

3 œufs
150 g de sucre semoule
150 g de farine avec poudre levante incorporée ou 150 g de farine et 1/3 de sachet de levure chimique
150 g de beurre mou
le jus et le zeste de 3 clémentines

Pour le glaçage :
le jus de 3 clémentines
50 g de sucre glace

Préchauffez le four à 180 °C (thermostat 6).
Dans un saladier, mélangez les œufs avec le sucre. Incorporez la farine puis le beurre. Ajoutez le zeste et le jus des clémentines. Mélangez.
Versez le tout dans un moule beurré et fariné et mettez au four pendant 35 minutes.
Préparez le glaçage. Dans une casserole, faites fondre le sucre, à feu doux, dans le jus des clémentines.
Quand le gâteau est cuit, sortez-le du four et arrosez-le immédiatement avec ce glaçage.
Laissez refroidir et démoulez.

Le conseil de Sophie :

Vous pouvez ajouter au glaçage 2 cuillerées à soupe de Grand Marnier® ou de Cointreau®.

fondant aux clémentines

1 moule à manqué de 24 cm - Pour 6 à 8 personnes

4 œufs
50 g de sucre semoule
3 cuillerées à soupe d'édulcorant en poudre
150 g de farine avec poudre levante incorporée ou 150 g de farine et 1/3 de sachet de levure chimique
150 g de beurre allégé à 41 %
le jus et le zeste de 3 clémentines

Pour le glaçage :
le jus de 3 clémentines
2 cuillerées à soupe d'édulcorant en poudre

Préchauffez le four à 180 °C (thermostat 6).
Dans un saladier, mélangez les œufs avec le sucre et l'édulcorant. Incorporez la farine puis le beurre. Ajoutez le zeste et le jus des clémentines. Mélangez. Versez le tout dans un moule beurré et fariné et mettez au four pendant 35 minutes.
Préparez le glaçage. Dans une casserole, faites tiédir l'édulcorant, à feu doux, dans le jus des clémentines.
Quand le gâteau est cuit, sortez-le du four et arrosez-le immédiatement avec ce glaçage.
Laissez refroidir et démoulez.

Le conseil de Sophie :

Vous pouvez remplacer le jus de clémentine par le jus d'une orange ou de deux citrons ou encore d'un demi-pamplemousse.

flognarde aux mirabelles

Pour 6 à 8 personnes

150 g de farine
100 g de sucre semoule
+ 1 cuillerée à soupe
1 sachet de sucre vanillé
3 œufs
30 cl de lait entier ou demi-écrémé
15 cl de crème liquide
500 g de mirabelles

Préchauffez le four à 180 °C (thermostat 6).
Dans un saladier, mélangez la farine avec les 100 g de sucre, le sucre vanillé et les œufs entiers.
Ajoutez le lait et la crème. Mélangez.
Dénoyautez les mirabelles et ajoutez-les à la pâte.
Versez la préparation dans un plat allant au four préalablement beurré. Saupoudrez avec le sucre restant. Mettez au four pendant 35 minutes.

Le conseil de Sophie :

Entre le flan aux pommes et la crêpe, la flognarde est une recette traditionnelle auvergnate. Avant de servir, vous pouvez la flamber avec de l'alcool de mirabelle, du calvados...

150 g de farine
4 cuillerées à soupe d'édulcorant en poudre
4 œufs
30 cl de lait écrémé ou demi-écrémé
15 cl de crème liquide allégée à 4 ou 15 %
500 g de mirabelles

Préchauffez le four à 180 °C (thermostat 6).
Dans un saladier, mélangez la farine avec l'édulcorant et les œufs entiers. Ajoutez le lait et la crème. Mélangez.
Dénoyautez les mirabelles et ajoutez-les à la pâte.
Versez la préparation dans un plat allant au four préalablement beurré. Mettez au four pendant 35 minutes.

Le conseil de Sophie :

Vous pouvez remplacer les mirabelles par 4 pommes ou 4 poires.

2 ananas Victoria ou 1 ananas
125 g de sucre semoule
125 g de beurre demi-sel mou
50 g de poudre d'amandes
3 œufs
200 g de farine avec poudre levante incorporée ou 200 g de farine et 1/2 sachet de levure chimique
20 cl de jus d'ananas 100 % jus de fruit
12 cl de crème épaisse
3 sachets de sucre vanillé

Préchauffez le four à 180 °C (thermostat 6).
Épluchez et coupez les ananas en tranches puis en morceaux (sans le cœur). Saupoudrez-les de 25 g de sucre.
Dans un saladier, mélangez le beurre, le sucre vanillé, le sucre restant et la poudre d'amandes. Ajoutez les œufs un à un. Mélangez. Incorporez la farine puis le jus d'ananas et la crème.
Versez la pâte dans le moule beurré. Posez les morceaux d'ananas dessus en forme de couronne et mettez au four pendant 40 minutes. Laissez refroidir et démoulez.

Le conseil de Sophie :

Vous pouvez arroser le gâteau à la sortie du four avec du rhum, du kirsch ou du Malibu®.

moelleux à l'ananas

1 moule à manqué de 24 cm - Pour 6 personnes

2 ananas Victoria
3 cuillerées à soupe d'édulcorant en poudre
125 g de beurre demi-sel allégé à 41 %
50 g de sucre semoule
50 g de poudre d'amandes
3 œufs
200 g de farine avec poudre levante incorporée ou 200 g de farine et 1/2 sachet de levure chimique
20 cl de jus d'ananas 100 % jus de fruit
12 cl de crème épaisse à 15 %

Préchauffez le four à 180 °C (thermostat 6).
Épluchez les ananas et coupez-les en morceaux (sans le cœur). Saupoudrez-les d'une cuillerée à soupe d'édulcorant.
Dans un saladier, mélangez le beurre et l'édulcorant restant, le sucre et la poudre d'amandes. Ajoutez les œufs un à un. Mélangez. Incorporez la farine puis le jus d'ananas et la crème.
Versez la pâte dans le moule beurré. Posez les morceaux d'ananas dessus en forme de couronne et mettez au four pendant 40 minutes. Laissez refroidir et démoulez.

Le conseil de Sophie :

Vous pouvez remplacer l'ananas par des mangues ou des poires.

Glacés !

Classique Allégé

glace spéculoos

Pour 6 personnes

50 cl de crème liquide
4 jaunes d'œufs
150 g de sucre
200 g de biscuits spéculoos
2 pincées de cannelle

Faites chauffer la crème dans une casserole avec la cannelle.
Dans un saladier, fouettez les jaunes d'œufs avec le sucre. Incorporez peu à peu la crème chaude en fouettant constamment.
Versez de nouveau ce mélange dans la casserole et chauffez à feu doux (ne faites surtout pas bouillir) sans cesser de remuer avec une cuillère en bois jusqu'à ce que la mousse de la crème disparaisse.
Retirez la crème du feu et versez-la dans un saladier.
Remuez de temps en temps jusqu'à refroidissement.
Émiettez les spéculoos et incorporez-les au mélange.
Mettez en sorbetière (pour le temps, reportez-vous à la notice de votre sorbetière car cela varie d'un appareil à l'autre) : dégustez de suite ou placez la glace au congélateur.

50 cl de crème liquide
5 jaunes d'œufs
4 cuillerées à soupe d'édulcorant
200 g de biscuits spéculoos
2 pincées de cannelle

Faites chauffer la crème dans une casserole avec la cannelle.
Dans un saladier, fouettez les jaunes d'œufs avec l'édulcorant.
Incorporez peu à peu la crème chaude en fouettant constamment.
Versez de nouveau ce mélange dans la casserole et chauffez à feu doux (ne faites surtout pas bouillir) sans cesser de remuer avec une cuillère en bois jusqu'à ce que la mousse de la crème disparaisse.
Retirez la crème du feu et versez-la dans un saladier.
Remuez de temps en temps jusqu'à refroidissement.
Émiettez les spéculoos et incorporez-les au mélange.
Mettez en sorbetière (pour le temps, reportez-vous à la notice de votre sorbetière car cela varie d'un appareil à l'autre) : dégustez de suite ou placez la glace au congélateur.

Le conseil de Sophie :

Vous pouvez remplacer les spéculoos par toutes sortes de biscuits secs de votre goût.

glace aux Carambar®

Pour 6 personnes

4 jaunes d'œufs
20 g de sucre semoule
14 Carambar®
40 cl de lait entier ou demi-écrémé
10 cl de crème liquide

Dans un saladier, mélangez les jaunes avec le sucre.
Dans une casserole, faites fondre à feu moyen les Carambar® avec le lait et la crème.
Versez petit à petit le mélange Carambar® sur les jaunes d'œufs tout en fouettant.
Versez de nouveau ce mélange dans la casserole et chauffez à feu doux sans cesser de remuer avec une cuillère en bois jusqu'à ce que la mousse de la crème disparaisse.
Retirez la casserole du feu et versez le mélange dans un saladier.
Remuez de temps en temps jusqu'à refroidissement.
Mettez en sorbetière (pour le temps, reportez-vous à la notice de votre sorbetière car cela varie d'un appareil à l'autre) : dégustez de suite ou placez la glace au congélateur.

Le conseil de Sophie :

Vous pouvez remplacer les Carambar® par une vingtaine de caramels mous au beurre salé.

5 jaunes d'œufs
3 cuillerées à soupe
d'édulcorant en poudre
14 Carambar®
40 cl de lait écrémé
ou demi-écrémé
10 cl de crème liquide à 15 %

Dans un saladier, mélangez les jaunes avec l'édulcorant.
Dans une casserole, faites fondre à feu moyen les Carambar® avec le lait et la crème.
Versez petit à petit le mélange Carambar® sur les jaunes d'œufs tout en fouettant.
Versez de nouveau ce mélange dans la casserole et chauffez à feu doux sans cesser de remuer avec une cuillère en bois jusqu'à ce que la mousse de la crème disparaisse.
Retirez la casserole du feu et versez le mélange dans un saladier. Remuez de temps en temps jusqu'à refroidissement.
Mettez en sorbetière (pour le temps, reportez-vous à la notice de votre sorbetière car cela varie d'un appareil à l'autre) : dégustez de suite ou placez la glace au congélateur.

Le conseil de Sophie :

N'oubliez pas de sortir votre glace 15 minutes avant de la servir.

granité au champagne

Pour 10 personnes

50 g de sucre semoule
2 cuillerées à soupe d'eau
1/2 bouteille de champagne rosé

Dans une casserole, portez à ébullition l'eau avec le sucre.
Hors du feu, ajoutez le champagne et laissez refroidir.
Versez le tout dans un récipient large.
Mettez au congélateur pendant 2 heures. Remuez à la fourchette toutes les demi-heures afin d'obtenir de belles paillettes uniformes.

Le conseil de Sophie :

Grâce au champagne, ce granité ne se transformera pas en bloc de glace. Il peut être préparé la veille.

1/2 bouteille de champagne rosé
4 cuillerées à soupe d'édulcorant

Dans un saladier, mélangez le champagne avec l'édulcorant.
Versez le tout dans un récipient large.
Mettez au congélateur pendant 2 heures. Remuez à la fourchette toutes les demi-heures afin d'obtenir de belles paillettes uniformes.

Le conseil de Sophie :

Vous pouvez remplacer le champagne par du cidre, du sauternes, du poiré.

omelette norvégienne

1 moule à cake de 26 cm - Pour 10 personnes

Préchauffez le four à 180 °C (thermostat 6).
Pour préparer le biscuit, séparez les blancs des jaunes.
Dans un saladier, mélangez les jaunes avec le sucre jusqu'à ce que le mélange blanchisse.
Ajoutez la farine et mélangez.
Battez les blancs en neige ferme et incorporez-les délicatement à la préparation à l'aide d'une spatule.
Versez la pâte dans un moule à cake beurré et fariné et mettez au four pendant environ 30 minutes. Laissez tiédir et démoulez. Laissez-le complètement refroidir et coupez-le en 2 bandes régulières d'environ 2 cm dans la longueur.
Préparez ensuite le sirop. Dans une casserole, portez à ébullition le sucre avec l'eau.
Ajoutez le marsala.
Tapissez le moule à cake de papier sulfurisé. Moulez la moitié de la glace vanille dans le fond du moule. Déposez une bande de biscuit sur la glace. Imbibez généreusement la bande de biscuit avec le sirop à l'aide d'un pinceau.
Moulez le sorbet framboise sur le biscuit puis à nouveau le reste de glace vanille. Lissez bien la surface.
Déposez la seconde bande de biscuit et, de nouveau, imbibez-la de sirop. Rabattez le papier sulfurisé et mettez le tout au congélateur pendant au moins 3 heures.
Pour préparer la meringue italienne, montez les blancs en neige ferme. Ajoutez le sucre cuit à 121 °C avec l'eau et continuez à battre jusqu'à complet refroidissement. Démoulez la glace.
Étalez une partie de la meringue sur toutes les faces du gâteau et décorez-le ensuite du reste à l'aide d'une poche à douille munie d'une douille cannelée.
Dorez rapidement toute la surface de la meringue à l'aide d'un chalumeau.
Réservez au congélateur jusqu'au moment de servir.

Le conseil de Sophie :

Afin de cuire le sucre à 121 °C, je vous conseille d'acheter un stylo thermomètre digital.

1 litre de glace vanille
1/4 litre de sorbet framboise ou fraise

Pour le sirop :
150 g de sucre
15 cl d'eau
3 cuillerées à soupe de marsala à l'amande, de rhum ou de cognac

Pour la meringue italienne :
3 blancs d'œufs (100 g)
100 g de sucre semoule
2 cuillerées à soupe d'eau

Pour le biscuit :
4 œufs
180 g de sucre semoule
100 g de farine

1 litre de glace vanille allégée
1/4 litre de sorbet framboise ou fraise allégé

Pour le sirop :
4 cuillerées à soupe d'édulcorant
3 cuillerées à soupe de marsala à l'amande, de rhum ou de cognac

Pour la meringue allégée :
3 blancs d'œufs (100 g)
2 cuillerées à soupe d'édulcorant

Pour le biscuit :
5 œufs
2 cuillerées à soupe d'édulcorant
90 g de sucre semoule
100 g de farine

Préchauffez le four à 180 °C (thermostat 6).
Pour préparer le biscuit, séparez les blancs des jaunes.
Dans un saladier, mélangez les jaunes avec l'édulcorant et le sucre. Ajoutez la farine et mélangez. Battez les blancs en neige ferme et incorporez-les délicatement à la préparation à l'aide d'une spatule.
Versez la pâte dans un moule à cake beurré et fariné et mettez au four pendant environ 30 minutes. Laissez tiédir et démoulez. Laissez-le complètement refroidir et coupez-le en 2 bandes régulières d'environ 2 cm dans la longueur.
Préparez ensuite le sirop. Dans un bol, mélangez l'édulcorant avec le marsala.
Tapissez le moule à cake de papier sulfurisé. Moulez la moitié de la glace vanille dans le fond du moule. Déposez une bande de biscuit sur la glace. Imbibez généreusement la bande de biscuit avec le sirop à l'aide d'un pinceau.
Moulez le sorbet framboise sur le biscuit puis à nouveau le reste de glace vanille.
Lissez bien la surface.
Déposez la seconde bande de biscuit et imbibez-la de nouveau de sirop.
Rabattez le papier sulfurisé et mettez le tout au congélateur pendant au moins 3 heures.
Pour préparer la meringue, montez les blancs en neige ferme. Ajoutez l'édulcorant et continuez à battre quelques secondes.
Démoulez la glace. Étalez une partie de la meringue sur toutes les faces du gâteau et décorez-le ensuite du reste à l'aide d'une poche à douille munie d'une douille cannelée.
Dorez rapidement toute la surface de la meringue à l'aide d'un chalumeau.
Réservez au congélateur jusqu'au moment de servir.

Le conseil de Sophie :

Sortez l'omelette norvégienne 20 minutes avant de la présenter. La tradition veut que l'omelette norvégienne soit arrosée d'alcool flambé (Grand Marnier®, rhum, Cointreau®, selon le goût) juste avant de la servir.

glace plombières

Pour 6 personnes

100 g de fruits confits
2 cuillerées à soupe de kirsch
50 cl de crème liquide
4 jaunes d'œufs
150 g de sucre semoule

Dans un bol, faites macérer les fruits confits avec le kirsch.
Faites chauffer la crème dans une casserole.
Dans un saladier, battez les jaunes d'œufs avec le sucre à l'aide d'un fouet. Incorporez peu à peu la crème en fouettant constamment.
Versez de nouveau ce mélange dans la casserole et chauffez à feu doux (ne faites surtout pas bouillir) sans cesser de remuer avec une cuillère en bois jusqu'à ce que la mousse de la crème disparaisse.
Retirez la casserole du feu et versez le mélange dans un saladier. Remuez de temps en temps jusqu'à complet refroidissement.
Mettez en sorbetière (pour le temps, reportez-vous à la notice de votre sorbetière car cela varie d'un appareil à l'autre). Deux minutes avant la fin du turbinage, ajoutez les fruits confits.
Réservez au congélateur.

50 cl de crème liquide à 4 ou 15 %
5 jaunes d'œufs
4 cuillerées à soupe d'édulcorant
100 g de fruits confits

Faites chauffer la crème dans une casserole.
Dans un saladier, mélangez à l'aide d'un fouet les jaunes d'œufs avec l'édulcorant. Incorporez peu à peu la crème en fouettant constamment.
Versez de nouveau ce mélange dans la casserole et chauffez à feu doux (ne faites surtout pas bouillir) sans cesser de remuer avec une cuillère en bois jusqu'à ce que la mousse de la crème disparaisse.
Retirez la casserole du feu et versez le mélange dans un saladier. Remuez de temps en temps jusqu'à complet refroidissement.
Mettez en sorbetière (pour le temps, reportez-vous à la notice de votre sorbetière car cela varie d'un appareil à l'autre). Deux minutes avant la fin du turbinage, ajoutez les fruits confits.
Réservez au congélateur.

Le conseil de Sophie :

Vous pouvez préparer votre mélange avec 25 cl de lait écrémé et 25 cl de crème liquide allégée. Vous pouvez remplacer les fruits confits par des morceaux de fruits frais (poires, figues, kiwis, oranges)."

Les desserts de ma Maman !

Classique Allégé

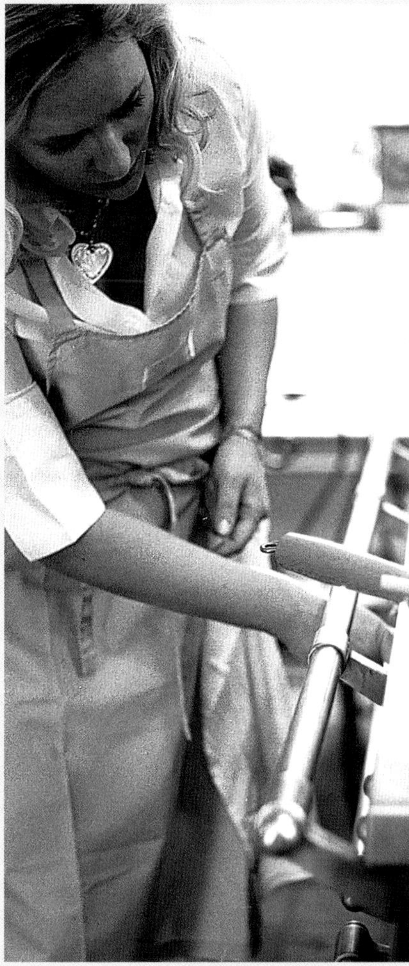

soufflé au Grand Marnier®

1 moule à soufflé - Pour 6 personnes

40 cl de lait entier
ou demi-écrémé
6 œufs
35 g de sucre semoule
60 g de farine
30 g de beurre
1 cuillerée à soupe
de sucre glace
15 cl de Grand Marnier®

Préchauffez le four à 200 °C (thermostat 6/7).
Dans une casserole, faites bouillir le lait.
Pendant ce temps, séparez les blancs d'œufs des jaunes.
Dans un saladier, mélangez le sucre et les jaunes d'œufs. Incorporez la farine.
Versez le lait chaud sur les jaunes tout en fouettant. Mélangez et remettez le tout sur feu doux 3 minutes. Hors du feu, ajoutez le beurre en morceaux et le Grand Marnier®. Mélangez et laissez tiédir.
Battez les blancs d'œufs en neige ferme et incorporez-les délicatement au mélange.
Beurrez et farinez le moule. Versez-y la préparation à mi-hauteur.
Mettez au four pendant environ 25 minutes.
Saupoudrez de sucre glace et servez immédiatement.

Le conseil de Sophie :

Après avoir beurré et fariné le moule, ne touchez pas l'intérieur de celui-ci avec les doigts. Une seule empreinte suffit pour que le soufflé reste collé au moule ce qui l'empêche de monter.
Il est plus facile de réussir un soufflé dans des petits moules que dans un grand.
Servez le soufflé dès sa sortie du four car il s'effondre très vite.

40 cl de lait écrémé ou demi-écrémé
6 œufs
6 cuillerées à soupe d'édulcorant en poudre
60 g de farine
30 g de beurre allégé à 41 %
15 cl de Grand Marnier®

Préchauffez le four à 200 °C (thermostat 6/7).
Dans une casserole, faites bouillir le lait.
Pendant ce temps, séparez les blancs d'œufs des jaunes.
Dans un saladier, mélangez l'édulcorant et les jaunes d'œufs. Incorporez la farine.
Versez le lait chaud sur les jaunes tout en fouettant. Mélangez et remettez sur feu doux 3 minutes. Hors du feu, ajoutez le beurre en morceaux et le Grand Marnier®. Mélangez et laissez tiédir.
Battez les blancs d'œufs en neige ferme et incorporez-les délicatement au mélange.
Beurrez et farinez le moule. Versez-y la préparation à mi-hauteur.
Mettez au four pendant environ 25 minutes.
Servez immédiatement.

Le conseil de Sophie :

Vous pouvez remplacer le Grand Marnier® par du Cointreau®, du sauternes ou du pineau des Charentes.

tiramisu

Pour 8 personnes

6 œufs
150 g de sucre semoule
500 g de mascarpone
50 cl de café assez fort
3 cuillerées à soupe de marsala, d'amaretto ou de rhum
environ 30 biscuits à la cuillère
30 g de poudre de cacao non sucré
1 pincée de sel
1 cuillerée à café de vanille en poudre

Séparez les blancs d'œufs des jaunes.
Dans un saladier, mélangez les jaunes, le sucre et la vanille.
Ajoutez le mascarpone et fouettez. Battez les blancs en neige ferme avec le sel et incorporez-les délicatement à la préparation.
Versez le marsala dans le café.
Trempez les biscuits un à un dans le café froid. Un aller retour suffit. Tapissez-en le fond du moule au fur et à mesure.
Recouvrez d'une couche de crème, ajoutez une couche de biscuits trempés et terminez avec la crème.
Réservez au réfrigérateur pendant 12 heures au minimum.
Au moment de servir, saupoudrez de cacao.

Le conseil de Sophie :

Vous pouvez remplacer les blancs en neige par 50 cl de crème liquide fouettée en chantilly. Essayez de trouver dans les épiceries italiennes des pavesini, gâteaux italiens qui remplacent les biscuits à la cuillère.

6 œufs
6 cuillerées à soupe d'édulcorant en poudre
250 g de fromage blanc à 20 %
50 cl de café assez fort
3 cuillerées à soupe de marsala, d'amaretto ou de rhum
environ 30 biscuits à la cuillère
250 g de crème épaisse à 15 %
30 g de poudre de cacao non sucré
1 pincée de sel
1 cuillerée à café de vanille en poudre

Séparez les blancs d'œufs des jaunes.
Dans un saladier, mélangez les jaunes, l'édulcorant et la vanille en poudre.
Ajoutez le fromage blanc et la crème. Fouettez. Battez les blancs en neige ferme avec le sel et incorporez-les délicatement à la préparation.
Versez le marsala dans le café.
Trempez les biscuits un à un dans le café froid. Un aller retour suffit. Tapissez-en le fond du moule au fur et à mesure.
Recouvrez d'une couche de crème, ajoutez une couche de biscuits trempés et terminez avec la crème.
Réservez au réfrigérateur pendant 12 heures au minimum.
Au moment de servir, saupoudrez de cacao.

Le conseil de Sophie :

Vous pouvez réaliser le tiramisu 24 heures à l'avance mais pas plus à cause des œufs qui sont crus.
Pour un dîner plus chic, réalisez le tiramisu dans des verres ou dans des coupes.

6 tranches de brioche allégée
2 œufs + 2 jaunes
4 cuillerées à soupe d'édulcorant en poudre
25 cl de lait écrémé ou demi-écrémé
25 cl de crème liquide allégée à 4 ou 15 %
40 g de beurre allégé à 41 %

Pour le coulis :
250 g de framboises ou de fraises
3 cuillerées à soupe de sucre édulcorant

Préparez le coulis. Mixez les framboises et l'édulcorant dans un mixeur blender.
Passez dans une passoire fine. Gardez au frais jusqu'au moment de servir.
Dans un saladier, fouettez les œufs avec l'édulcorant. Incorporez le lait et la crème petit à petit.
Trempez les tranches de brioche dans la préparation aux œufs, afin qu'elles soient bien imbibées. Faites-les dorer de chaque côté dans une poêle avec le beurre fondu, à feu moyen.
Répartissez le coulis sur les assiettes. Posez les tranches de brioche dessus. Accompagnez la brioche d'un sorbet allégé de votre choix.

Le conseil de Sophie :

Vous trouverez de la brioche allégée en tranches au supermarché.

brioche façon pain perdu

Dessert sur assiette - Pour 6 personnes

6 tranches de brioche
2 œufs + 2 jaunes
100 g de sucre
25 cl de lait
25 cl de crème liquide
50 g de beurre
1/2 cuillerée à café de vanille en poudre

Pour le caramel au beurre salé :
100 g de sucre semoule
3 cuillerées à soupe d'eau
30 g de beurre demi-sel
20 cl de crème liquide

Préparez le caramel. Dans une petite casserole, faites dissoudre le sucre dans l'eau.
Portez à ébullition sur feu vif jusqu'à l'obtention d'un caramel doré. Ne le remuez jamais pendant sa cuisson. Hors du feu, ajoutez le beurre puis la crème liquide. Mélangez et laissez refroidir (en refroidissant, le caramel va épaissir).
Dans un saladier, fouettez les œufs avec le sucre et la vanille. Incorporez le lait et la crème petit à petit.
Trempez les tranches de brioche dans la préparation aux œufs, afin qu'elles soient bien imbibées. Faites-les dorer de chaque côté dans une poêle avec le beurre fondu, à feu moyen.
Répartissez le caramel sur les assiettes. Posez les tranches de brioche dessus. Accompagnez la brioche d'une glace caramel ou vanille.

Le conseil de Sophie :

Vous pouvez préparer le caramel 48 heures à l'avance. Passez-le 30 secondes au micro-ondes avant de le servir afin de le ramollir.

crème brûlée

6 plats à oreilles ou 6 assiettes à crème brûlée de 12 cm de diamètre

8 jaunes d'œufs
80 g de sucre semoule
60 cl de crème liquide
1/2 cuillerée à café de vanille en poudre
6 cuillerées à soupe de sucre roux.

Préchauffez le four à 100 °C (thermostat 3).
Dans un saladier mélangez les jaunes avec le sucre et la vanille.
Dans une casserole portez à ébullition la crème liquide et versez-la sur les œufs battus.
Répartissez le tout dans les plats à oreilles.
Mettez au four pendant 40 minutes.
Sortez les crèmes du four puis laissez-les refroidir et mettez-les au réfrigérateur.
Avant de les servir, saupoudrez-les de sucre roux et caramélisez-les à l'aide d'un chalumeau de cuisine ou sous le gril du four.

Le conseil de Sophie :

La crème est cuite lorsque les bords sont pris et que le centre est encore tremblant.

8 jaunes d'œufs
3 cuillerées à soupe d'édulcorant en poudre
60 cl de crème liquide à 4 % ou 15 %
6 cuillerées à café de sucre roux (facultatif)

Préchauffez le four à 100 °C (thermostat 3).
Dans un saladier mélangez les jaunes avec l'édulcorant.
Dans une casserole faites chauffer la crème liquide et versez-la sur les œufs battus. Répartissez le tout dans les plats à oreilles.
Mettez au four pendant 40 minutes.
Sortez les crèmes du four puis laissez-les refroidir et mettez-les au réfrigérateur.
Avant de les servir, saupoudrez-les de sucre roux et caramélisez-les à l'aide d'un chalumeau de cuisine ou sous le gril du four.

Le conseil de Sophie :

La crème ne doit pas être bouillante avant d'être versée sur les jaunes d'œufs, elle les cuirait. Vous pouvez ajouter à la préparation tous les parfums de votre choix (vanille, cannelle, amande, orange…)

gâteau marbré

1 moule à manqué de 24 cm - Pour 8 personnes

250 g de beurre demi-sel mou
250 g de sucre semoule
3 œufs
200 g de farine avec poudre levante incorporée
ou 200 g de farine
et 1/2 sachet de levure
80 g de Maïzena®
10 cl de lait entier ou demi-écrémé
100 g de chocolat noir pâtissier
2 cuillerées à soupe de rhum (facultatif)
1 cuillerée à café de vanille en poudre

Préchauffez le four à 180 °C (thermostat 6).
Dans un saladier, mélangez le beurre avec le sucre. Ajoutez les œufs. Mélangez. Incorporez la farine et la Maïzena® puis le lait préalablement tiédi.
Séparez la préparation en deux.
Faites fondre le chocolat coupé en morceaux au micro-ondes ou au bain-marie. Ajoutez-le à l'une des moitiés. Mélangez bien.
Ajoutez le rhum et la vanille à l'autre moitié.
Répartissez la préparation dans le moule beurré et fariné en versant la moitié de la pâte vanillée puis la pâte au chocolat.
Terminez avec la deuxième moitié de la pâte vanillée.
Mettez au four pendant 35 minutes.

200 g de beurre demi-sel allégé à 41 %
50 g de sucre semoule
4 cuillerées à soupe d'édulcorant en poudre
4 œufs
200 g de farine avec poudre levante incorporée ou 200 g de farine et 1/2 sachet de levure
80 g de Maïzena®
10 cl de lait demi-écrémé ou écrémé
100 g de chocolat noir pâtissier
2 cuillerées à soupe de rhum (facultatif)
1 cuillerée à café de vanille en poudre

Préchauffez le four à 180 °C (thermostat 6).
Dans un saladier, mélangez le beurre avec le sucre et l'édulcorant. Ajoutez les œufs. Mélangez. Incorporez la farine et la Maïzena® puis le lait préalablement tiédi.
Séparez la préparation en deux.
Faites fondre le chocolat en morceaux au micro-ondes ou au bain-marie. Ajoutez-le à l'une des moitiés. Mélangez bien.
Ajoutez le rhum et la vanille à l'autre moitié.
Répartissez la préparation dans le moule beurré et fariné en versant la moitié de la pâte vanillée puis la pâte au chocolat.
Terminez avec la deuxième moitié de la pâte vanillée.
Mettez au four pendant 35 minutes.

Le conseil de Sophie :

Ne faites pas fondre le chocolat trop longtemps au micro-ondes car il finirait par cuire. Commencez par le faire fondre 1 minute puissance maximum. Remettez-le 30 secondes s'il n'est pas assez fondu.

“Le conseil de Sophie :

Si vous avez oublié de sortir le beurre du réfrigérateur, mettez-le 20 secondes au micro-ondes, puissance maximum. Cela suffira pour le ramollir.”

gâteau au yaourt

1 moule à manqué de 24 cm - Pour 8 à 10 personnes

2 œufs
160 g de sucre semoule
1 yaourt nature ou à la vanille
150 g de farine avec poudre levante incorporée ou 150 g de farine et 1/3 de sachet de levure chimique
10 cl d'huile de tournesol

Préchauffez le four à 180 °C (thermostat 6).
Dans un saladier, battez les œufs et le sucre. Mettez le yaourt. Remuez de nouveau et incorporez la farine. Versez petit à petit l'huile tout en fouettant. Versez le tout dans le moule beurré et fariné et mettez au four pendant 35 minutes.

Le conseil de Sophie :

Vous pouvez couper le gâteau en deux et le garnir de confiture ou de pâte à tartiner.

3 œufs
3 cuillerées à soupe d'édulcorant en poudre
50 g de sucre semoule
1 yaourt nature à 0 %
150 g de farine avec poudre levante incorporée ou 150 g de farine et 1/3 de sachet de levure chimique
8 cl d'huile de tournesol

Préchauffez le four à 180 °C (thermostat 6).
Dans un saladier, battez les œufs et l'édulcorant avec le sucre. Mettez le yaourt. Remuez de nouveau et incorporez la farine. Versez petit à petit l'huile tout en fouettant. Versez le tout dans le moule beurré et fariné et mettez au four pendant 35 minutes.

Le conseil de Sophie :

Vous pouvez conserver ce gâteau 10 jours, à température ambiante, enveloppé dans du papier d'aluminium.

teurgoule

1 terrine à teurgoule ou une cocotte en fonte
Pour 6 personnes

180 g de riz rond
2 litres de lait entier
200 g de sucre semoule
10 g de beurre
1 pincée de sel
2 cuillerées à café
de vanille en poudre

Préchauffez le four à 120 °C (thermostat 4).
Dans une casserole, recouvrez le riz avec de l'eau froide. Portez à ébullition sur feu vif. Égouttez le riz et rincez-le.
Dans une casserole, portez le lait et le sucre à ébullition. Hors du feu, ajoutez le riz, le beurre, le sel et la vanille. Versez le tout dans une cocotte en fonte ou encore mieux, si vous la possédez, dans une terrine à teurgoule. Mettez au four pendant 4 heures sans l'ouvrir. La teurgoule doit être couverte d'une peau brun doré.

Le conseil de Sophie :

La teurgoule se fait normalement avec de la cannelle en poudre. J'ai choisi, par goût, de la faire à la vanille.

180 g de riz rond
2 litres de lait demi-écrémé
6 cuillerées à soupe d'édulcorant en poudre
2 cuillerées à café de vanille en poudre
1 pincée de sel

Préchauffez le four à 120 °C (thermostat 4).
Dans une casserole, recouvrez le riz avec de l'eau froide. Portez à ébullition sur feu vif. Égouttez le riz et rincez-le.
Dans une casserole, portez le lait et l'édulcorant à ébullition. Hors du feu, ajoutez le riz, la vanille et le sel. Versez le tout dans une cocotte en fonte ou encore mieux, si vous la possédez, dans une terrine à teurgoule. Mettez au four pendant 4 heures sans l'ouvrir.

Le conseil de Sophie :

La teurgoule, aussi appelée terrinée, est un dessert typiquement normand. Prévoyez un repas léger car ce dessert est consistant.

gâteau de semoule

1 moule à brioche ou 8 mini-moules kougloff - Pour 8 personnes

125 g de semoule de blé fine
75 cl de lait écrémé ou demi-écrémé
4 cuillerées à soupe
d'édulcorant en poudre
10 g de poudre d'amandes
3 œufs
1 gousse de vanille
100 g de raisins blonds
ou de corinthe
3 cuillerées à soupe de rhum brun

Dans un bol, faites macérer les raisins dans le rhum. Préchauffez le four à 180 °C (thermostat 6). Dans une casserole, portez à ébullition le lait, l'édulcorant, la poudre d'amandes et la gousse de vanille fendue en deux dans la longueur. Versez la semoule en pluie et laissez cuire environ 2 minutes à feu moyen jusqu'à ce que le mélange épaississe. Retirez la gousse de vanille. Hors du feu, ajoutez les œufs. Mélangez. Ajoutez les raisins égouttés. Mélangez. Répartissez la préparation dans les moules préalablement beurrés et lissez la surface. Mettez au four pendant 20 minutes. Laissez refroidir et démoulez.

Le conseil de Sophie :

Vous pouvez accompagner le gâteau de semoule de 150 g de fraises mixées avec une cuillerée à soupe d'édulcorant...

125 g de semoule de blé fine
75 cl de lait entier ou demi-écrémé
125 g de sucre
10 g de poudre d'amandes
100 g de beurre
3 œufs
1 cuillerée à café de vanille en poudre
100 g de raisins blonds ou de corinthe
3 cuillerées à soupe de rhum brun

Pour le caramel :
100 g de sucre semoule
2 cuillerées à soupe d'eau
1 filet de jus de citron

Dans un bol, faites macérer les raisins dans le rhum. Préparez le caramel : dans une petite casserole, faites dissoudre le sucre dans l'eau. Portez à ébullition sur feu vif jusqu'à l'obtention d'un caramel doré. Ne le remuez jamais. Hors du feu, ajoutez le jus de citron. Mélangez. Répartissez le caramel dans le moule et couvrez-en les parois. Réservez au réfrigérateur. Préchauffez le four à 180 °C (thermostat 6). Dans une casserole, portez à ébullition le lait, le sucre, la poudre d'amandes et la vanille. Versez la semoule en pluie et laissez cuire environ 2 minutes à feu moyen jusqu'à ce que le mélange épaississe. Hors du feu, ajoutez le beurre en morceaux et les œufs. Mélangez. Ajoutez les raisins égouttés. Mélangez. Répartissez la préparation dans les moules et lissez la surface. Mettez au four pendant 20 minutes. Laissez refroidir et démoulez.

Le conseil de Sophie :

Vous pouvez remplacer la poudre d'amandes par de la poudre de noix de coco et les raisins par d'autres fruits secs : abricots, figues...

Desserts tout classiques !

Classique Allégé

Sophie

forêt-noire

200 g de chocolat
noir pâtissier
100 g de beurre
8 œufs
200 g de sucre semoule
40 g de farine

Pour la garniture :
400 g de griottes au sirop
ou surgelées
10 cl de kirsch
40 cl de crème liquide
2 sachets de sucre vanillé
1 sachet de Cremfix®
100 g de copeaux
de chocolat

Préchauffez le four à 180 °C (thermostat 6).
Dans un bol, faites macérer dans le kirsch les griottes égouttées.
Dans un autre bol, faites fondre le beurre et le chocolat coupés en morceaux au bain-marie ou au micro-ondes pendant 1 minute 30, puissance maximum.
Séparez les blancs d'œufs des jaunes.
Dans un saladier, fouettez les jaunes avec le sucre. Incorporez le chocolat fondu puis la farine. Mélangez.
Battez les blancs d'œufs en neige ferme et incorporez-les délicatement au mélange.
Versez la préparation dans le moule préalablement beurré et fariné. Mettez au four pendant 25 minutes.
Démoulez le gâteau et laissez-le refroidir sur une grille.
Découpez le gâteau en deux dans le sens de l'épaisseur.
Égouttez les griottes en récupérant le jus. Imbibez l'intérieur du gâteau avec le jus.
Préparez ensuite la garniture. Montez la crème liquide en chantilly en incorporant le sucre vanillé et le Cremfix®. Répartissez-en la moitié sur le fond du gâteau.
Garnissez de griottes. Reconstituez le gâteau et nappez-le entièrement avec le reste de chantilly. Décorez de cerises et de copeaux de chocolat.
Réservez au réfrigérateur pendant 2 heures minimum.

façon Sophie

1 moule à manqué de 26 cm - Pour 8 personnes

200 g de chocolat noir pâtissier
100 g de beurre allégé
8 œufs
50 g de sucre semoule
3 cuillerées à soupe d'édulcorant en poudre
40 g de farine

Pour la garniture :
400 g de griottes au sirop ou surgelées
10 cl de kirsch
2 bombes de crème Chantilly allégée
1 sachet de Cremfix®
2 cuillerées à soupe d'édulcorant en poudre
100 g de copeaux de chocolat

Préchauffez le four à 180 °C (thermostat 6).
Dans un bol, faites macérer dans le kirsch les griottes égouttées pendant 2 heures.
Dans un autre bol, faites fondre le beurre et le chocolat coupés en morceaux au bain-marie ou au micro-ondes pendant 1 minute 30, puissance maximum.
Dans un saladier, fouettez les jaunes d'œufs avec le sucre et l'édulcorant.
Incorporez le chocolat fondu puis la farine. Mélangez.
Battez les blancs d'œufs en neige ferme et incorporez-les délicatement au mélange.
Versez la préparation dans le moule préalablement beurré et fariné.
Mettez au four pendant 25 minutes.
Démoulez le gâteau et laissez-le refroidir sur une grille.
Découpez le gâteau en deux dans le sens de l'épaisseur.
Égouttez les griottes en récupérant le jus. Imbibez l'intérieur du gâteau avec le jus. Mélangez la chantilly avec la poudre Cremfix®. Répartissez la moitié de la chantilly sur le fond du gâteau.
Garnissez de griottes. Reconstituez le gâteau et nappez-le entièrement avec le reste de chantilly. Décorez de cerises et de copeaux de chocolat.
Réservez au réfrigérateur pendant 2 heures minimum.

Le conseil de Sophie :

La poudre Cremfix® est vendue dans les hypermarchés.
Elle permet à la crème Chantilly de rester ferme.

Le conseil de Sophie :

“Vous pouvez utiliser des griottines® (griottes conservées dans de l’alcool). Vous n’aurez alors pas besoin de faire macérer dans le kirsch.”

baba au rhum

1 moule à savarin ou 6 moules à baba individuels
Pour 6 personnes

3 œufs
50 g de sucre semoule
2 cuillerées à soupe de lait entier ou demi-écrémé
130 g de farine avec poudre levante incorporée ou 130 g de farine fluide et 1/2 sachet de levure chimique

Pour le sirop :
25 cl d'eau
80 g de sucre semoule
6 cuillerées à soupe de rhum brun

Préchauffez le four à 180 °C (thermostat 6).
Séparez les blancs d'œufs des jaunes.
Dans un saladier, fouettez les jaunes d'œufs avec le sucre jusqu'à ce que le mélange blanchisse. Ajoutez-y le lait puis la farine.
Battez les blancs d'œufs en neige ferme.
Incorporez-les délicatement à la préparation.
Versez la pâte dans le moule préalablement beurré. Mettez-le au four pendant 25 minutes.
Pendant ce temps, préparez le sirop. Dans une casserole, faites bouillir ensemble l'eau et le sucre. Après ébullition, ajoutez le rhum et arrêtez le feu. Réservez.
À la sortie du four, versez aussitôt le sirop sur le baba. Pour vous assurer qu'il est bien imbibé, enfoncez-y la lame d'un couteau qui doit pénétrer facilement. Démoulez-le.

Le conseil de Sophie :

Vous pouvez accompagner le baba de crème Chantilly ou de crème légère (voir recette pp. 14-15) avec des fruits.

3 œufs
10 g de sucre semoule
2 cuillerées à soupe d'édulcorant en poudre
2 cuillerées à soupe de lait écrémé ou demi-écrémé
130 g de farine avec poudre levante incorporée
ou 130 g de farine fluide et 1/2 sachet
de levure chimique

Pour le sirop :
25 cl d'eau
4 cuillerées à soupe d'édulcorant en poudre
6 cuillerées à soupe de rhum brun

Préchauffez le four à 180 °C (thermostat 6).
Séparez les blancs d'œufs des jaunes.
Dans un saladier, fouettez les jaunes d'œufs avec le sucre et l'édulcorant.
Ajoutez-y le lait puis la farine.
Battez les blancs d'œufs en neige ferme. Incorporez-les délicatement à la préparation.
Versez la pâte dans le moule préalablement beurré. Mettez-le au four pendant 25 minutes.
Pendant ce temps, préparez le sirop. Dans une casserole, faites bouillir ensemble l'eau et l'édulcorant. Après ébullition, ajoutez le rhum et arrêtez le feu. Réservez.
À la sortie du four, versez aussitôt le sirop sur le baba. Pour vous assurer qu'il est bien imbibé, enfoncez-y la lame d'un couteau qui doit pénétrer facilement. Démoulez-le.

Le conseil de Sophie :

Si vous utilisez des moules à baba individuels, remplissez les moules à moitié de pâte à l'aide d'une poche à douille. Cela sera plus facile. Trempez les mini-babas directement dans le sirop pour les imbiber.

gâteau basque aux cerises noires

1 moule à manqué de 24 cm - Pour 6 à 8 personnes

275 g de farine avec poudre levante incorporée ou 275 g de farine et 1 sachet de levure chimique
200 g de sucre semoule
70 g de poudre d'amandes (facultatif)
1 œuf entier + 3 jaunes
175 g de beurre demi-sel mou
1/2 pot de confiture de cerises noires
le zeste de 1 citron
1 sachet de sucre vanillé

Dans un saladier, mélangez la farine, le sucre, le zeste de citron, le sucre vanillé et la poudre d'amandes. Ajoutez un œuf entier et 2 jaunes. Mélangez. Incorporez le beurre. Formez une boule et enveloppez-la dans du film alimentaire.
Réservez au réfrigérateur pendant au moins 2 heures.
Préchauffez le four à 180 °C (thermostat 6).
Divisez la boule de pâte en deux morceaux, l'une plus grosse que l'autre.
Étalez à la main le plus gros morceau de pâte dans le moule préalablement beurré et fariné en la faisant remonter largement sur les bords.
Versez la confiture au milieu puis étalez-la en formant une couche épaisse et régulière.
Étalez le reste de la pâte petit à petit toujours à l'aide de vos mains pour former le couvercle. Soudez les deux pâtes ensemble.
À l'aide d'un pinceau, dorez le dessus du gâteau au jaune d'œuf battu avec un peu d'eau puis quadrillez la surface à l'aide d'une fourchette.
Mettez au four pendant environ 45 minutes jusqu'à ce que le gâteau soit doré.
Laissez refroidir complètement avant de démouler et servez froid.

Le conseil de Sophie :

Vous pouvez utiliser la confiture de votre choix.
Si le gâteau dore trop vite, posez sur le dessus une feuille de papier d'aluminium.

250 g de farine avec poudre levante incorporée ou 250 g de farine et 1 sachet de levure chimique
50 g de sucre semoule
3 cuillerées à soupe d'édulcorant en poudre
2 œufs entiers + 3 jaunes
175 g de beurre demi-sel allégé à 41 %
250 g de crème pâtissière allégée (voir recette p. 15)
le zeste de 1 citron

Dans un saladier, mélangez la farine, le sucre semoule, l'édulcorant et le zeste de citron. Ajoutez les œufs entiers et 2 jaunes. Mélangez. Incorporez le beurre. Formez une boule et enveloppez-la dans du film alimentaire.
Réservez au réfrigérateur pendant au moins 2 heures.
Préparez la crème pâtissière et laissez-la refroidir.
Préchauffez le four à 180 °C (thermostat 6).
Divisez la boule de pâte en deux morceaux, l'une plus grosse que l'autre.
Étalez à la main le plus gros morceau de pâte dans le moule préalablement beurré et fariné en la faisant remonter largement sur les bords.
Versez la crème pâtissière au milieu puis étalez-la en formant une couche épaisse et régulière.
Étalez le reste de la pâte petit à petit toujours à l'aide de vos mains pour former le couvercle. Soudez les 2 pâtes ensemble.
À l'aide d'un pinceau, dorez le dessus du gâteau au jaune d'œuf battu avec un peu d'eau puis quadrillez la surface à l'aide d'une fourchette.
Mettez au four pendant environ 45 minutes jusqu'à ce que le gâteau soit doré.
Laissez refroidir complètement avant de démouler et servez froid.

Le conseil de Sophie :

Vous pouvez ajouter à la crème pâtissière 2 cuillerées à soupe de rhum, d'amaretto ou une cuillerée à café d'arôme naturel d'amande amère ou de citron ou d'orange."

3 œufs
100 g de sucre semoule
150 g de farine avec poudre levante incorporée ou 150 g de farine et 1/2 sachet de levure
150 g de beurre demi-sel mou
400 g de crème de marrons vanillée
3 cuillerées à soupe de rhum

Préchauffez le four à 180 °C (thermostat 6).
Dans un saladier, mélangez les œufs avec le sucre.
Ajoutez la farine. Mélangez.
Ajoutez le beurre, la crème de marrons et le rhum.
Versez la préparation dans un moule préalablement beurré et fariné. Mettez au four pendant 35 minutes.

Le conseil de Sophie :

Vous pouvez ajouter à la pâte 6 marrons glacés grossièrement émiettés.

gâteau ardéchois

1 moule à manqué de 24 cm - Pour 6 personnes

6 œufs
3 cuillerées à soupe d'édulcorant en poudre
150 g de farine avec poudre levante incorporée ou 150 g de farine et 1/2 sachet de levure
150 g de beurre allégé à 41 %
300 g de crème de marrons vanillée
3 cuillerées à soupe de rhum

Préchauffez le four à 180 °C (thermostat 6).
Dans un saladier, mélangez les œufs avec l'édulcorant.
Ajoutez la farine. Mélangez.
Ajoutez le beurre, la crème de marrons et le rhum.
Versez la préparation dans un moule préalablement beurré et fariné. Mettez au four pendant 35 minutes.

paris-brest

Pour 8 personnes

Pour la pâte à choux :
15 cl d'eau
10 cl de lait entier
ou demi-écrémé
100 g de beurre
20 g de sucre semoule
1 pincée de sel
150 g de farine fluide
4 œufs entiers
+ 1 jaune pour dorer
50 g d'amandes effilées

Pour la crème au beurre :
125 g de sucre semoule
10 cl d'eau
3 jaunes d'œufs
250 g de beurre
100 g de pralin en poudre

sucre glace

Réalisez la pâte à choux suivant la recette de la page 11.
Préchauffez le four à 200 °C (thermostat 6/7).
Garnissez une poche à douille de pâte. Formez un cercle d'environ 26 cm de diamètre sur la plaque de votre four recouverte de papier sulfurisé. Recouvrez d'un deuxième puis d'un troisième cercle de pâte. Badigeonnez le dessus de la pâte de jaune d'œuf battu avec un peu d'eau.
Parsemez le dessus d'amandes effilées et mettez au four pendant 30 minutes.
Laissez tiédir dans le four porte entrouverte.
Préparez ensuite la crème au beurre. Dans une casserole, portez à ébullition l'eau avec le sucre jusqu'à ce que le sirop épaississe (si vous utilisez un thermomètre, la température doit atteindre 118 °C).
Dans un saladier, fouettez les jaunes et versez petit à petit le sirop tout en continuant de fouetter jusqu'à ce que le mélange refroidisse et double de volume. Tout en continuant de fouetter, ajoutez le beurre petit à petit puis le pralin.
Au moment de servir, découpez la couronne de pâte en deux dans le sens de l'épaisseur à l'aide d'un couteau scie. Garnissez généreusement le fond de crème pralinée à l'aide d'une poche à douille. Posez la partie supérieure dessus et saupoudrez de sucre glace.
Réservez le paris-brest au frais mais sortez-le 1 heure avant de le déguster.

Le conseil de Sophie :
Vous pouvez remplacer le pralin par un sachet de nougatine.
Pour la réalisation de la crème au beurre, je vous conseille vivement d'utiliser un batteur électrique.

Pour la pâte à choux :
15 cl d'eau
10 cl de lait écrémé
100 g de beurre allégé à 41 %
2 cuillerées à soupe d'édulcorant
1 pincée de sel
150 g de farine fluide
4 œufs entiers
+ 1 jaune pour dorer

Pour la crème mousseline allégée au pralin :
50 cl de lait écrémé
1 cuillerée à café de vanille liquide
1 œuf entier + 4 jaunes
3 cuillerées à soupe d'édulcorant en poudre
1 cuillerée à soupe de farine
3 cuillerées à soupe de Maïzena®
120 g de beurre allégé à 41 %
125 g de pralin en sachet

Réalisez la pâte à choux allégée suivant la recette de la page 11.
Préchauffez le four à 200 °C (thermostat 6/7).
Garnissez une poche à douille de pâte. Formez un cercle d'environ 26 cm de diamètre sur la plaque de votre four recouverte de papier sulfurisé.
Recouvrez d'un deuxième puis d'un troisième cercle de pâte. Badigeonnez le dessus de la pâte de jaune d'œuf battu avec un peu d'eau.
Mettez au four pendant 30 minutes.
Laissez tiédir dans le four porte entrouverte.
Pendant ce temps, réalisez la crème mousseline allégée suivant la recette de la page 13. Laissez-la refroidir puis ajoutez le pralin. Mélangez.
Au moment de servir, découpez la couronne de pâte en deux dans le sens de l'épaisseur à l'aide d'un couteau scie. Garnissez généreusement le fond de crème pralinée à l'aide d'une poche à douille. Posez la partie supérieure dessus.
Réservez le paris-brest au frais mais sortez-le 1 heure avant de le déguster.

Le conseil de Sophie :

Vous pouvez aussi réaliser des paris-brest individuels en réalisant 8 cercles de 10 cm de diamètre.

2 pâtes feuilletées
prêtes à dérouler
150 g de sucre glace
150 g de beurre mou
200 g de poudre
d'amandes
2 œufs entiers
+ 1 jaune
2 cuillerées à soupe
de rhum brun

Préchauffez le four à 200 °C (thermostat 6/7).
Dans un saladier, mélangez à l'aide d'une cuillère en bois, le sucre glace, le beurre, la poudre d'amandes, les œufs entiers et le rhum.
Déroulez un disque de pâte feuilletée sur la plaque de votre four en gardant le papier sulfurisé.
À l'aide d'un pinceau, humectez d'eau le bord de la pâte sur environ 3 cm.
Étalez la crème d'amandes sur toute la surface en laissant libre le bord humecté. Mettez la fève.
Posez le deuxième disque par-dessus et soudez bien les bords avec les doigts.
À l'aide d'un pinceau, dorez le dessus de la galette au jaune d'œuf battu avec un peu d'eau, puis quadrillez la surface à l'aide d'une fourchette. Faites une légère entaille au milieu afin que la galette ne lève pas trop.
Mettez au four pendant 30 minutes jusqu'à ce que la galette soit bien dorée.
Servez tiède ou froid.

Le conseil de Sophie :

Si vous souhaitez rendre votre galette plus brillante, saupoudrez-la de sucre glace quelques minutes avant la fin de la cuisson.
Vous pouvez également ajouter à la frangipane 100 g de chocolat noir fondu.

galette des Rois

Pour 6 à 8 personnes

2 pâtes feuilletées allégées prêtes à dérouler
3 cuillerées à soupe d'édulcorant en poudre
150 g de beurre allégé à 41 %
200 g de poudre d'amandes
3 œufs entiers + 1 jaune
2 cuillerées à soupe de rhum brun

Préchauffez le four à 200 °C (thermostat 6/7).
Dans un saladier, mélangez à l'aide d'une cuillère en bois, l'édulcorant, le beurre, la poudre d'amandes, les œufs entiers et le rhum.
Déroulez un disque de pâte feuilletée sur la plaque de votre four en gardant le papier sulfurisé.
À l'aide d'un pinceau, humectez d'eau le bord de la pâte sur environ 3 cm.
Étalez la crème d'amandes sur toute la surface en laissant libre le bord humecté. Mettez la fève.
Posez le deuxième disque par-dessus et soudez bien les bords avec les doigts.
À l'aide d'un pinceau, dorez le dessus de la galette au jaune d'œuf battu avec un peu d'eau, puis quadrillez la surface à l'aide d'une fourchette. Faites une légère entaille au milieu afin que la galette ne lève pas trop.
Mettez au four pendant 30 minutes jusqu'à ce que la galette soit bien dorée.
Servez tiède ou froid.

Le conseil de Sophie :

Vous pouvez faire la galette à l'avance et la congeler crue. Vous pouvez également ajouter sur le dessus de la crème d'amandes deux pommes ou deux poires coupées en lamelles."

1 pâte brisée prête à dérouler
ou 1 pâte brisée croustillante
maison (voir recette p. 10)
40 cl de lait entier
20 cl de crème liquide
4 œufs
150 g de sucre semoule
80 g de poudre à flan impérial
1/2 cuillerée à café de vanille
en poudre

Préchauffez le four à 180 °C (thermostat 6).
Étalez la pâte dans le moule en laissant le papier sulfurisé. Réservez au réfrigérateur.
Dans une casserole, portez le lait et la crème à ébullition.
Dans un saladier, battez les œufs avec le sucre et la vanille. Ajoutez la poudre à flan. Mélangez.
Versez le lait et la crème petit à petit sur ce mélange tout en remuant à l'aide d'un fouet.
Remettez le tout sur le feu et mélangez jusqu'à épaississement.
Répartissez la préparation sur le fond de tarte et mettez au four pendant 45 minutes.
Laissez refroidir le flan sur une grille.

Le conseil de Sophie :

Vous pouvez ajouter à la préparation 100 g de pruneaux ou de cerises dénoyautés.

flan parisien

1 moule à tarte de 24 cm - Pour 6 à 8 personnes

1 pâte brisée allégée prête à dérouler ou 1 pâte brisée croustillante allégée maison (voir recette p. 10)
40 cl de lait écrémé ou demi-écrémé
20 cl de crème liquide 4 ou 15 %.
6 œufs
4 cuillerées à soupe d'édulcorant en poudre
80 g de poudre à flan impérial
1 gousse de vanille

Préchauffez le four à 180 °C (thermostat 6).
Étalez la pâte croustillante à l'aide d'un rouleau à pâtisserie. Disposez-la dans le moule à tarte recouvert de papier sulfurisé. Réservez au réfrigérateur.
Dans une casserole, mettez le lait, la crème et la gousse de vanille fendue en deux dans la longueur. Portez à ébullition. Retirez ensuite la gousse de vanille.
Dans un saladier, mélangez les œufs avec l'édulcorant. Ajoutez la poudre à flan. Mélangez.
Versez le lait et la crème petit à petit sur ce mélange tout en remuant à l'aide d'un fouet. Remettez le tout sur le feu et mélangez jusqu'à épaississement.
Répartissez la préparation sur le fond de tarte et mettez au four pendant 45 minutes.
Laissez refroidir le flan sur une grille.

Le conseil de Sophie :

Le flan sera meilleur s'il est servi très froid, voire glacé.

bûche de Noël aux marrons glacés et au chocolat

Pour 8 personnes

Pour le biscuit :
5 œufs
50 g de sucre semoule
2 cuillerées à soupe d'édulcorant en poudre
150 g de poudre d'amandes
50 g de farine

Pour le sirop :
5 cuillerées à soupe d'édulcorant en poudre
20 cl d'eau
3 cuillerées à soupe de whisky

Pour la crème :
1 bombe chantilly allégée ou 30 cl de crème Chantilly allégée maison (voir recette p. 15)
300 g de crème de marrons non sucrée

Pour la ganache :
200 g de chocolat noir pâtissier
15 cl de crème liquide à 4 ou 15 %
40 g de beurre allégé à 41 %

Préchauffez le four à 180 °C (thermostat 6).
Préparez d'abord le biscuit. Séparez les blancs d'œufs des jaunes.
Dans un saladier, battez les jaunes avec le sucre semoule, l'édulcorant et la poudre d'amandes. Incorporez la farine.
Montez les blancs d'œufs en neige ferme et mélangez-les délicatement à la préparation.
Étalez la pâte sur la plaque du four recouverte de papier sulfurisé.
Mettez-la au four pendant 10 minutes.
Pendant ce temps, préparez le sirop en faisant tiédir dans une casserole l'édulcorant avec l'eau et le whisky.
Dès la sortie du four, retournez la pâte sur un linge humide. Imbibez-la de sirop à l'aide d'un pinceau.
Préparez ensuite la crème en mélangeant dans un saladier, la crème Chantilly avec la crème de marrons. Étalez la crème sur le biscuit. Roulez délicatement le biscuit. Réservez au frais.
Pour la ganache, portez à ébullition la crème et le chocolat en morceaux dans une casserole. Hors du feu, incorporez le beurre et fouettez jusqu'à ce que le mélange soit lisse. Laissez refroidir.
Recouvrez entièrement la bûche de ganache et, à l'aide d'une fourchette, dessinez des traits imitant le tronc d'un arbre.

Pour le biscuit :
4 œufs
125 g de sucre semoule
150 g de poudre d'amandes
50 g de farine

Pour le sirop :
75 g de sucre
20 cl d'eau
3 cuillerées à soupe de whisky

Pour la crème :
1 bombe chantilly ou
30 cl de crème Chantilly
maison (voir recette p. 14)
300 g de crème de marrons vanillée
6 marrons glacés

Pour la ganache :
200 g de chocolat noir pâtissier
15 cl de crème liquide
40 g de beurre mou

Préchauffez le four à 180 °C (thermostat 6).
Préparez d'abord le biscuit. Séparez les blancs d'œufs des jaunes.
Dans un saladier, battez les jaunes avec le sucre jusqu'à ce que le mélange blanchisse puis ajoutez la poudre d'amandes. Incorporez la farine.
Montez les blancs d'œufs en neige ferme et mélangez-les délicatement à la préparation.
Étalez la pâte sur la plaque du four recouverte de papier sulfurisé. Mettez-la au four pendant 10 minutes.
Pendant ce temps, préparez le sirop en faisant fondre doucement dans une casserole le sucre, l'eau et le whisky.
Dès la sortie du four, retournez la pâte sur un linge humide. Imbibez-la de sirop à l'aide d'un pinceau.
Préparez ensuite la crème en mélangeant dans un saladier, la crème Chantilly avec la crème de marrons. Étalez la crème sur le biscuit et parsemez de marrons glacés émiettés. Roulez délicatement le biscuit. Réservez au frais.
Pour la ganache, portez à ébullition la crème et le chocolat en morceaux dans une casserole. Hors du feu, incorporez le beurre et fouettez jusqu'à ce que le mélange soit lisse. Laissez refroidir.
Recouvrez entièrement la bûche de ganache et, à l'aide d'une fourchette, dessinez des traits imitant le tronc d'un arbre.

Le conseil de Sophie :

“Vous pouvez tout simplement étaler sur le biscuit de la confiture de votre choix et ainsi réaliser un biscuit roulé.”

Index

Classique — Allégé

Sophie Dudemaine

L'Art de Vivre Gourmand

Partez à la découverte de l'univers gourmand de Sophie :
ses livres, recettes, conseils, cours de cuisine, produits gourmets
et une chaleureuse maison d'hôtes normande.

www.sophie-dudemaine.com

Sophie Dudemaine
La Maison de Sophie
14950 Saint-Étienne-la-Thillaye
Tél. 02 31 65 69 97

Merci

À toute l'équipe Minerva pour sa confiance et sa disponibilité.
À Françoise, ma photographe, et Catherine, ma styliste, qui mettent merveilleusement en scène mes recettes.
À ma mère et mon père qui m'ont donné le goût de la cuisine. Mes plus grands fans !
À mon frère Ludovic qui collectionne les livres de sa sœur et ne cuisine qu'avec eux !!
À Jean-Marie et Denis Chalet qui ont testé les seuls desserts auxquels ils ont droit : les sans sucre !!!
À Marie-Claire, pour sa patience et sa précieuse collaboration.
À Frédérique Delbos pour ses talents de peintre, appliqués à la vaisselle de la maison de Sophie.
À mon mari Jacki : l'amour, ça se cuisine tous les jours !!!
À KitchenAid, Revol, Le Creuset, Strosser… pour leurs matériels de grande qualité qui me facilitent la tâche…
À Lindt, Francine, Lesieur… qui se battent tous les jours pour nous proposer de bons produits.

À mes enfants, Ambre, Ophélie et Johann. Je leur dédie tous mes livres pour qu'un jour eux aussi puissent transmettre à leurs enfants le plaisir de cuisiner.

Shopping

Catherine Madani remercie chaleureusement les sociétés qui ont gracieusement prêté tout l'art de la table nécessaire à la réalisation des photos :

Au fil des couleurs (pp. 24, 27, 28, 34, 43, 44, 69, 73, 101, 123)

Itinéraires (pp. 39, 70)

Maisons du monde (pp. 28, 31, 46, 55, 65, 88, 94, 108, 116, 118)

Sentou (pp. 46, 74, 116)

Vogica boutique (p. 74)

Designer's Guild (pp. 20, 39, 61, 65, 70, 83, 85, 97, 124, 129, 134)

Deshoulières (pp. 20, 43, 44, 48, 79, 101, 104, 134)

Baccarat (pp. 83, 94)

Conran shop (pp. 97, 129, 134)

Sabre (pp. 41, 48, 66)

Quartz (pp. 43, 56, 65, 69, 79)

Christofle (pp. 73, 112)

Revol (pp. 62, 85, 98)

Achevé d'imprimer en août 2005

Dépot légal : septembre 2005
Imprimé en Italie

AmsTramGrammes